# Cajá-manga

Editora Appris Ltda.
1.ª Edição - Copyright© 2022 da autora
Direitos de Edição Reservados à Editora Appris Ltda.

Nenhuma parte desta obra poderá ser utilizada indevidamente, sem estar de acordo com a Lei nº 9.610/98. Se incorreções forem encontradas, serão de exclusiva responsabilidade de seus organizadores. Foi realizado o Depósito Legal na Fundação Biblioteca Nacional, de acordo com as Leis n.os 10.994, de 14/12/2004, e 12.192, de 14/01/2010.

Catalogação na Fonte
Elaborado por: Josefina A. S. Guedes
Bibliotecária CRB 9/870

| | |
|---|---|
| D812c<br>2022 | Duarte, Aleny Terezinha Gomes<br>   Cajá-manga / Aleny Terezinha Gomes Duarte.<br>- 1. ed. - Curitiba: Appris, 2022.<br>   173 p. ; 23 cm.<br><br>   ISBN 978-65-250-2399-1<br><br>   1. Ficção brasileira. 2. Pobreza. 3. Amor. 4. Esperança. I. Título.<br><br>                                                                       CDD – 869.3 |

Editora e Livraria Appris Ltda.
Av. Manoel Ribas, 2265 – Mercês
Curitiba/PR – CEP: 80810-002
Tel. (41) 3156 - 4731
www.editoraappris.com.br

Printed in Brazil
Impresso no Brasil

Aleny Terezinha Gomes Duarte

# Cajá-manga

## FICHA TÉCNICA

| | |
|---|---|
| EDITORIAL | Augusto V. de A. Coelho |
| | Marli Caetano |
| | Sara C. de Andrade Coelho |
| COMITÊ EDITORIAL | Andréa Barbosa Gouveia (UFPR) |
| | Jacques de Lima Ferreira (UP) |
| | Marilda Aparecida Behrens (PUCPR) |
| | Ana El Achkar (UNIVERSO/RJ) |
| | Conrado Moreira Mendes (PUC-MG) |
| | Eliete Correia dos Santos (UEPB) |
| | Fabiano Santos (UERJ/IESP) |
| | Francinete Fernandes de Sousa (UEPB) |
| | Francisco Carlos Duarte (PUCPR) |
| | Francisco de Assis (Fiam-Faam, SP, Brasil) |
| | Juliana Reichert Assunção Tonelli (UEL) |
| | Maria Aparecida Barbosa (USP) |
| | Maria Helena Zamora (PUC-Rio) |
| | Maria Margarida de Andrade (Umack) |
| | Roque Ismael da Costa Güllich (UFFS) |
| | Toni Reis (UFPR) |
| | Valdomiro de Oliveira (UFPR) |
| | Valério Brusamolin (IFPR) |
| ASSESSORIA EDITORIAL | Manuella Marquetti |
| REVISÃO | Mateus Soares de Almeida |
| PRODUÇÃO EDITORIAL | Romão Matheus Neto |
| DIAGRAMAÇÃO | Bruno Ferreira Nascimento |
| CAPA | Gustavo |
| ILUSTRAÇÃO | Luan Gabriel de Moura Duarte |
| COMUNICAÇÃO | Carlos Eduardo Pereira |
| | Karla Pipolo Olegário |
| LIVRARIAS E EVENTOS | Estevão Misael |
| GERÊNCIA DE FINANÇAS | Selma Maria Fernandes do Valle |

*Aos meus pais, Nelson e Julia, protagonistas dessa história.*

# Agradecimentos

Às tias da minha mãe, Lala, Zenilda e Adélia, que estavam mais próximas. Cada uma com seu jeito de contar a história.
Ao meu bisavô e avô, meus dois Egídio.
Aos primos que reforçavam o que todos diziam.
Às pessoas amigas que foram citadas aqui.
Ao meu pai e à minha mãe, protagonistas da minha história.
Aos meus irmãos Nilton, Rubens (falecido em 2003), Aldair, Denise, Vivaldo e Vania.
À tia Elvira e ao tio Nilton (falecido em 2021).

# Sumário

CAPÍTULO 1 – Adeus, Mamãe     10

CAPÍTULO 2 – Julia     22

CAPÍTULO 3 – A Madrinha     34

CAPÍTULO 4 – A Madrasta     46

CAPÍTULO 5 – O Casamento     60

CAPÍTULO 6 – Barreirinho     76

CAPÍTULO 7 – Formigões na Mata Escura     94

CAPÍTULO 8 – A tempestade e o tacho de sabão     106

CAPÍTULO 9 – Garimpagem     116

CAPÍTULO 10 – Perdidas     132

CAPÍTULO 11 – Uma Noite de Luar     142

CAPÍTULO 12 – Adeus, Barreirinho     160

Bibliografia     173

# CAPÍTULO 1
## Adeus, Mamãe

Seu nome era Julia. No meio dos garimpeiros, com suas histórias inventadas ou vividas, o diamante era ela. A menina, mais bela, bondosa e carinhosa. A sua qualidade de alma nobre e generosa despertava os mais duros corações. Sua alegria, inocência e o seu amor pela vida eram como sol que nascia a cada manhã. O mais belo diamante era ofuscado pela grandeza de seu sorriso.

Muito querida por todos, Julia era uma menininha atenciosa e gostava de ouvir as histórias que seu avô contava sobre a formação de sua região, dos diamantes, dos causos dos garimpeiros, e também das conversas das mulheres, quando elas se reuniam à noite para falar da vida, dos partos, dos trabalhos, dos maridos. Julia tinha seis anos e uma curiosidade muito aguçada para sua idade.

Julia era uma menina muito magra. Não era muito bonita, tinha um narizinho galante, e o rosto com seus traços acanhados. A sua aparência de bondade passiva, às vezes sem nenhuma ideia na cabeça, outras vezes cheia de caraminholas. Seus olhos graúdos, pretos, fundos com grandes olheiras demonstravam ser temperamental, ora assustada e triste com aparência aluada e introvertida, ora exageradamente alegre. Julia era filha mais velha de Ana e Egídio, apelidado de Domingues. Vivia cercada pelas tias e primos, que sempre indagavam sobre ela.

— O que Julia tem que está tão acabrunhada? Tão calada? Está emburrada de novo? — diziam elas.

E Julia em um dia parecia meio aérea e curiosa, em outros estava sempre sorrindo. Às vezes sorria à toa, sem motivos. Um sorriso tão suave e limpo que lhe animava o rosto oval de feições delicadas. Não falava muito, era muito tímida, mas possuía a grande arte de ouvir e de ser boa com as pessoas. Sua vida se resumia a brincar, correr, pular, como uma criança, alegre e feliz.

— Você viu passarinho, verde, menina? — perguntavam.

Ou:

— Achou o ninho da égua?

— Fica espiando coisas alheias?

— Tenha modos menina. Fale baixo Julia. Você é muito boba.

Mas ela não era boba, era muito sabida, para os seus quase sete anos de idade. Os seus cabelos, lisos e negros como a noite, herdados do pai, de origem indígena. A pele clara como a de sua mãe, filha de baianos de origem portuguesa.

Sua irmã Elvira, de quatro anos, era a filha do meio, parecia muito inteligente, com quatro anos falava que só uma matraca. Tinha um pouco da aparência de Julia, mas a pele era mais clara. Possuía um ar mais fino e sofisticado de uma menininha mimada, confiante e educada.

O caçula, menino de olhos grandes e brilhantes, muito curioso, parecia impaciente o tempo todo e com fome. Não chorava muito, mas era muito sapeca. Com seus quase dois aninhos, já falava de tudo e fazia muitas gracinhas. Ele estava na fase dos porquês.

— Por que, por quê?

E todos respondiam: "Porque sim, porque sim".

Viviam cercados pelas crianças da vizinhança, primos e primas. As meninas, principalmente, gostavam de brincar com Julia de pega-pega, esconde-esconde, direita vazia, passa anel, as melancias, as fitas coloridas, lampião de esquina, samba crioula. Mas o que elas gostavam mesmo era das brincadeiras de rodas. Tinha até meninas mais velhas que vinham para casa de Julia. Mas o acordo entre as mães era que somente iam brincar quando terminassem a lida doméstica. As mães muito rígidas necessitavam da ajuda dos filhos. Lavar louça, guardar, dobrar roupas e varrer os imensos quintais. Não faltava trabalho. Depois da escola todos tinham a sua tarefa.

— Dona Ana, cadê Julia?

Ana não respondia logo. Depois, com paciência, dizia:

— Ela deve estar aí pelo quintal. Ela não para.

— Julia, vamos brincar de roda hoje? — e tudo recomeçava.

Na frente da casa de Julia havia um pátio de terra batida bem limpinho, onde todas as noites as mulheres dali de perto se reuniam, sentadas em bancos feitos de madeira e enterrados no chão. Umas vinham porque seus maridos passavam dias nos garimpos ou nas lavouras, outras porque eles estavam mesmo na zona, e daí aproveitavam para conversar, para contar alguns segredos e até mesmo sonhar, fingindo que eram felizes, cantarolavam, passavam algumas receitas das comidas simples que faziam todos os dias, falavam da vida uma das outras e a vida assim transcorria como o bordado que algumas levavam para dar uns pontinhos coloridos no tecido branco.

— Ana, o que fez hoje? — perguntava dona Maria, querendo fazer fuxico.

— Fiz abóbora batidinha, arroz, feijão e ovo. Por quê?

— Nada, menina, fiz uma rabada que o João lambeu os beiços.

— Que bom, Domingues gosta mesmo é de arroz e feijão — dizia Ana.

E as conversas prosseguiam.

Durante o dia as meninas brincavam com sabugos e paus, às vezes com bonecas de pano que a tia de Julia, a Zenilda, fazia para ela, as famosas bruxinhas. Qualquer trapo virava roupa. No seu mundo de fantasia, tudo virava brinquedo. Faziam comidinha em pequenas panelas, até fogo acendiam.

Todos gostavam muito de Julia, porque ela era a dona das brincadeiras e dos sonhos. Achava graça de tudo, até de um gato gordo dormindo no fogão à lenha quando não tinha brasa; de um passarinho que vinha tomar água na trempe de lavar vasilhas ou de uma borboleta colorida que pousava numa flor.

— Esta menina é tão desligada, ou ligada demais em coisas que a gente não entende — falavam sobre ela.

— Acho que Julia puxou a mãe.

— Não acho. Julia é mais alegre e Ana é tão quieta e triste — falavam suas tias, que não entendiam o motivo daquela tristeza da irmã.

Em outras noites quando as mulheres se reuniam, perguntavam para Ana:

— Ana, seu Domingues já foi para Usina?

— Sim, está trabalhando — respondia com uma cara amuada e um sorriso tristonho, mas sabendo ela que, nas noites em que o marido não ia trabalhar na usina de luz, ele ia para o bordel gastar o que não tinha. Mas Ana nada dizia. Aceitava tudo calada, sem reclamar.

As meninas continuavam fazendo muita zoada com as cantorias de roda:

— *Uma bonequinha na roda entrou, deixa ela rodar que ainda não rodou, rodai, rodai, rodai bonequinha e não quer ficar na roda sozinha; na roda sozinha eu não fico não, pois tenho a Maria do meu coração.*

E outras canções como:

— *Na mão direita tem uma roseira, na mão direita tem uma roseira que é boa companheira que é boa companheira.*

Ou:

— *Lá vem a cigana, deixa ela entrar, vem pedir esmola tem mais não se dá; me dá uma esmola pelo amor de Deus que a pobre cigana hoje não comeu...*

As brincadeiras eram alegres e divertidas, mas Julia às vezes gostava de observar a mulherada que falava coisas de gente grande. E ela queria saber de tudo. E as mulheres, quando já cansadas e com a conversa diminuída, sabiam que estava na hora de colocar as crianças na cama, sendo que alguns menores já dormiam aninhados no colo das suas mães.

— Vamos embora, moçada. Amanhã é outra história, temos que pegar cedo no batente — uma tia de Julia dizia.

A vida seguia normal. A simplicidade das casas e das pessoas fazia junção ao lugarejo pacato. Um lugar que estava começando a se desenvolver. No domingo havia mais movimentos com os garimpeiros que chegavam dos garimpos e iam gastar o pouco que ganharam. Ou na zona ou com a família. Julia e seus irmãos ainda não estudavam.

Certa vez Julia observou algo que a intrigou muito e a deixou mais curiosa ainda. Sua mãe lhe parecia gorda, com uma barriga grande demais, cansada, muito branca, sem coragem para nada. Isto a deixava pensativa e um pouco triste, mesmo sem saber o que pensar. Às vezes Ana não se levantava da cama, outras, não falava, não fazia nada. Suas irmãs mais próximas ou alguma vizinha eram quem percebiam que as crianças estavam sem comer. O marido sai sempre bem cedinho.

— O que a minha mãe tem? Ela comeu muito arroz? Ela está doente? — perguntava todos os dias para as vizinhas ou para as tias.

— Sua mãe vai ter outro filho, vem mais um irmão para vocês, não fique triste, é motivo de todos se alegrarem — diziam elas.

E Julia respondia alegremente:

— Oba, mais um irmãozinho. Ou irmãzinha.

Julia continuava observando que a barriga da mãe não parava de crescer, apesar de já saber que lá dentro tinha um bebê.

E como uma menina curiosa que faz várias perguntas, ela continuava:

— Agora aqui em casa vai ter quatro, não é, mamãe? — e mostrava os dedinhos magros.

— Mamãe, sua barriga dói?

Ana balbuciava qualquer resposta floreada e leve. E as pessoas iam pedindo para Julia:

— Deixa sua mãe sossegada, para com tantas perguntas.

Elvira também já sabia que vinha mais um irmão em breve, mas não entendia bem como ele iria chegar. Todos os dias a madrinha de Elvira a levava para ficar na casa dela.

As irmãs sempre estavam juntas quando podiam e se preocupavam muito com Ana. Ela era mais fraca, mais calada e triste. Criava com muitas dificuldades as três crianças. A sua cabeça não era muito boa, diziam que ela era muito devagar e muito distraída. Tinha cabelos claros, esparramados pelas costas, e teimava em não os pentear, apenas amarrá-los num rabo de cavalo. Sua pele era branca, pálida. As irmãs ainda teimavam em, de vez em quando, pedir que ela tomasse chás e comesse feijão preto, para anemia ou fraqueza. Ana estava magra, muito magra. Completara os meses de sua gravidez. A preocupação das irmãs era dobrada.

E numa noite, Julia observou um movimento diferente em sua casa. As suas tias num vai-e-vem e num converseiro baixo, parecendo que não queriam que as crianças as ouvissem.

Sua mãe, naquele dia inteiro, não se levantou da cama. Veio uma senhora, forte e alta, diziam que era uma ótima parteira. Ela veio com a comadre de Ana, Dona Zica. Esta não faltava, todos os dias estava ali ajudando Ana.

A parteira examinou Ana, conversou com as irmãs, com o marido.

— O caso de Ana é grave, ela parece anêmica e sem vontade nenhuma de nada, precisa de muitos cuidados — e foi embora.

No outro dia de manhã tudo continuava na mesma, as tias revezando para cuidar da casa, das crianças. O pai de Julia trabalhando o dia todo, e à noite ele desaparecia.

— Crianças, vamos agora para casa da Tia Adélia, à tarde eu trago vocês — disse tia Zenilda.

E Julia na maior curiosidade pensava: *por que as tias estavam com aquelas caras tão tristes?* E levaram as crianças. Eles gostavam de sair de casa. Comer na casa da tia de sua mãe.

O trabalho de parto de Ana demorou o dia todo. Às seis horas da tarde, a parteira avisou.

— O nenê nasceu morto. Ana está muito fraca. Devem se preocupar muito e cuidar dela. O caso dela pode ser grave e não sei se ela escapa.

Os dias passaram e Ana até que deu uma leve melhorada. Mas as suas irmãs notaram que uma tristeza muito grande tomou conta de Ana. Ficava muito pensativa, parada, calada, não conversava mais com os filhos, e nem eles animavam aquela pobre alma. Nada distraía a pobre mulher sofrida. Tentava sorrir, mas o sorriso virava um bico de choro. E ela vivia pelos cantos, a chorar em silêncio. Mas as lágrimas secaram e seus olhos agora eram tristes, sem brilho e fundos, olhando sempre para o nada, como se contemplasse outra vida em outra paisagem. Ana foi perdendo o apetite, emagrecendo mais ainda. Seu marido não se preocupava muito.

— Ana vai ficar boa. Tudo vai passar.

— Ela está cada dia mais magra — diziam.

— Que nada, ela é assim mesmo.

O trabalho na usina de luz elétrica consumia o marido. Ana ficava sozinha. Sozinha no seu mundo, um mundo triste, de quem não tem mais nada a esperar da vida.

Quando as suas irmãs vinham para cuidar dela, falavam novamente ao seu marido:

— Seu Domingues, o caso de Ana é grave e inspira muito cuidado, está muito triste, amarela, tísica.

E o marido retrucava:

— Que nada. Logo, logo ela fica boa. Ela está tomando chá de picão. Dizem que é bom para anemia.

E Ana não melhorou, apesar de todo esforço que as suas irmãs, os vizinhos, o avô, fizeram. Chá, benzição, canjas, nada. Ela não melhorava. E às vezes falava.

— O bebê. Onde está o meu bebê? Pegue ele, Veronica, pegue — sua irmã nada dizia.

Julia não entendia, mas a sua mãe estava gravemente doente. As crianças passavam mais tempo na casa de cada tia e da madrinha. Julia sentia que algo ruim estava por vir. Mas na sua idade, ainda conseguia brincar, cantar — sempre tentando escutar as conversas das tias que procuravam não deixar as crianças perceberem a gravidade da situação da mãe delas.

— Vão brincar no quintal. Têm mangas e goiabas no chão. Vão lá, meninadas.

Ana não melhorou e aos vinte e sete anos de idade ela partiu. Morreu de tristeza sem um ai. Morreu de agonia. Ela dormiu e simplesmente não acordou. Deixou seus três filhos pequenos. E eles não entendiam nada. A morte batera à sua porta. Da vida pobre que teve, nada aproveitou.

O marido deu um ar de preocupação, mas não falou nada quando as irmãs de Ana falaram para ele que ela estava definhando. Não ligou muito, não acreditou na esposa doente. Ana sempre foi fraquinha, magra, franzina. Não conseguiu enfrentar os percalços da vida.

As crianças chegaram em casa depois de ficar uma noite e um dia na casa da tia Adélia e depararam-se com a casa cheia. Gente conhecida, gente estranha, e as tias em prantos. Elas foram levadas para o pátio da frente, onde se sentaram no banco de madeira onde todas as noites as mulheres se reuniam. E Julia perguntou:

— Tia Zenilda, a mamãe morreu?

— Sim, querida, Ana morreu. Ela foi morar com os anjos.

— Como sabe que ela foi morar com os anjos?

— Foi sim, ela era muito boazinha.

E Julia não fez mais nenhuma pergunta e não chorou, recolhendo-se ao seu mundo de imaginação, com olhar fixado num ponto distante.

Para o velório, foi chegando muita gente. Fizeram café e comiam pão. A noite veio rápido e com ela um silêncio muito triste.

As crianças em volta do caixão olhavam as velas queimando no fundo da xícara, quase apagando, quando alguém acudia em trocar, colocando outra por cima, como que para deixar tudo mais claro, ou para iluminar os últimos momentos de Ana ou o seu caminho para a eternidade.

Na sala, só se ouvia o crepitar das chamas das quatro velinhas que queimavam. Um suspiro aqui, um soluço acolá. As crianças cochilavam. Colocaram-nas para dormir juntas numa cama de casal. Julia soluçava muito e dava suspiros tão tristes que na sala todos ouviam e lamentavam. As irmãs e irmãos de Ana foram chegando. Os sobrinhos também. O dia veio logo, com um sol lindo, que parecia não se importar ou mesmo não saber da tristeza que pairava naquele lugar.

— Coitada de Ana, morreu tão jovem.

— Afinal, do que ela morreu? — perguntavam.

— Dizem que foi de uma febre, ou de tristeza. Mas acho que foi do coração.

— Ana levava uma vida muito atribulada e seu bebê nasceu morto.

— Ela era a mais fraca de todos os irmãos. Estava sempre calada, vivendo num mundo só dela.

Agora todos comentavam e olhavam seu rosto triste, inexpressivo, como viveu em seus últimos dias; magra, parecia tão tristonha. No casamento não foi feliz, nem infeliz; fora igual a tantas mulheres que se casam porque têm que se casar. Um casamento calmo como um lago escuro, sem ondas, perdido num vale deserto. E ali deitada, inerte, as mãos cruzadas sobre o peito, parecia ter encontrado a paz. O seu rosto estava sereno. Quem observasse bem de perto, poderia ter a impressão de que Ana sorria.

Traziam flores e o cheiro sufocava, porque as flores murchavam como Ana. De manhã os filhos foram à sala despedir de sua mãe, eles eram muito pequenos. Fizeram pegar-lhes na mão, uma mão dura e fria, um rosto branco feito algodão. As imagens desse dia acompanharão Julia para sempre. Toda a sua vida vai mudar. Uma infinita tristeza tomou conta dela. Os seus primos, todos pequenos, vieram, despediram-se e foram brincar no quintal.

Um irmão de Ana, Miguel avisou que estava na hora de fechar o caixão. Suas irmãs, irmãos, e seu pai se aproximam para o último adeus à querida Ana. O marido cabisbaixo, mãos para trás, não se aproximava muito. Julia queria acompanhar o cortejo, mas a tia a segura e ela chora muito. Ela sabe que sua mãe vai embora e nunca mais vai voltar.

— Eu quero ir, eu quero ir, mamãe, mamãe... Não leve a mamãe.

É segurada por uma amiga de Ana.

— Pobrezinha, você não pode ir, ficarei com você.

O cortejo fúnebre segue por uma avenida comprida e estreita, passando pela igreja, onde o padre espera para rezar pelo corpo presente. Ele faz a última oração, benze o corpo, entregando sua alma a Deus, e seguem para o cemitério. Homens revezam para carregar o caixão. As pessoas saem às portas e janelas para olhar, curiosas, tristes, solidárias.

Entram, pelo portão principal, desviando dos túmulos. Segue o cortejo até pararem perto da cova. Há agora um choro mais forte, clamores e adeus. Alguém faz uma reza lenta. *Pai nosso...* e dão o último adeus a Ana.

O caixão baixa agora no buraco de terra do cemitério e Ana vai para sua eterna morada. Uma sepultura simples, uma cruz e seu nome com data de nascimento e de morte. O trajeto de volta parece mais longo e triste. E se escutam passos, e ainda alguns soluços.

— Nossa irmã se foi. Tão nova — uma falava.

A outra perguntava:

— E agora? O que vai ser dessas crianças? Somos pobres e já temos os nossos, com muita dificuldade a gente cria nossos filhos.

E Lala dizia:

— E eu que estou criando meu irmão Zezinho. É certo que temos loja, mas o que lucramos mal dá para as despesas.

As três crianças tinham as tias, a madrinha e o avô, pai de Ana, que Julia amava como a um pai. O pai de Ana também chamava Egídio.

— Agora, Egídio, vai ter que cuidar dessas crianças, disse Lala, a tia mais velha.

— Você pensa que Domingues vai mesmo ficar com as crianças? Ele falou que se Ana morresse elas teriam que ficar com os padrinhos. Cada qual com os seus.

— Eu acho que Dona Zica poderá levá-los para morar com ela — disse sua irmã Zenilda.

Naquele tempo era comum considerar o batismo na fogueira. E Dona Zica considerava Julia e Nilton como sendo seus afilhados.

A pequena Elvira ela batizou na igreja. E quando Ana ficou doente falou com Dona Zica:

— Comadre leve a menina para morar com a senhora. Não sei se vou conseguir cuidar dos três. Ela é sua, pode levar. Quero que a senhora cuide dela.

— Não comadre, a senhora ainda vai viver muito.

Mas com muita insistência, Dona Zica levou a pequena Elvira para passar um tempo com ela na pensão.

Dona Zica amava muito as crianças, estava sempre pronta a ajudá-las. Quando a mãe ficava doente era ela quem vinha cuidar de todos.

Dona Zica era uma goiana negra, muito asseada e trabalhadeira, tinha quarenta anos, baixa, gorda, cabelos carapinhos puxados para trás feito um coque. Tinha um olhar bondoso e sereno. Carregava sempre uma linda sombrinha, para dias e sol e de chuva.

Mesmo não tendo nenhum estudo Dona Zica era muito educada e exigente. As coisas para ela tinham que ser certinhas. O cachimbo era sua alegria e ela reservava para fumar na sua hora de dormir para não incomodar ninguém.

Após o enterro de Ana, as crianças ainda ficaram o dia todo na casa com as tias. À noite no quarto, Julia pensava na mãe, sempre recordava dela em sua luta diária, no seu jeito brando ao se apoiar no fogão de lenha; a limpar o suor do rosto, lavando roupa, a louça, a assoprar a lenha no fogão velho e encardido, a lhe ensinar as musiquinhas de roda e moda de viola. Às vezes cantava e ensinava a Julia algumas canções. Como esta que Julia cantava tudo errado, pelas metades, agora era somente lembranças.

*Ancê num sabe como é bom vivê*
*Numa casinha branca de sapê*
*Com uma muié a nos fazê carinho*
*Uma galinha, dois ou três pintinho*

*Se o sór tá quente a gente arranja rede*

*Eh! Vida marvada*
*Num dianta fazer nada*
*Pra que se esforçá*
*Se não paga a pena trabaiá?*

*De manhã cedo eu óio pra rocinha*
*Pra ver se as veiz nasceu quarqué coisinha*
*Mas qual o que, não nasceu nada não*
*Prantando nasce, mas não pranto não.*

Muita gente ainda ali na casa, choro, conversas, que Julia não entendia. A tristeza era muito grande. Tentava dormir, revirava na cama, escutava os gatos. O galo da dona Olímpia. Os galos cantavam sem parar, esperando que outros respondessem, demorava muito e um aqui outro acolá começavam a cantoria até o dia clarear.

De sua cama, olhava pelas frestas da janela a lua cheia que vinha saindo, o botão de prata brilhante, enorme, despregou-se do horizonte e subiu sereno, diminuindo em poucos minutos derramando uma luz abundante sobre sua caminha.

Corria uma leve brisa, fresca, tocando docemente seu rostinho triste, seus olhos teimavam em não fechar, mas olhando os reflexos da lua, tão lindos e claros, Julia fechou os olhos e dormiu.

Sonhou com sua mãezinha. Corriam juntas pelos campos verdinhos, escutava as suas gargalhadas, pisavam no fiozinho de água no riacho, chamado de Biquinha das irmãs, onde as mulheres lavavam roupas. Estava tão contente no seu sonho, mas o sol clareou o dia e interrompeu o seu sono com violência, as galinhas cacarejavam ciscando, fazendo um barulho danado, procurando alimento. Julia acordou, espreguiçou, lembrou de tudo, ficou triste e tentou dormir novamente, pois era ainda muito cedo. Ficou pensando em sua mãezinha, conviveu tão pouco com ela, apenas seis anos, mas as lembranças dela eram boas.

— Dan, Dan, olha a lua — lembrou de Elvira pedindo à mãe que olhasse para a lua.

— Sim, milha filha, olha a lua.

— Dan, pegue a lua para mim.

— Não tem como pegar a lua, ela fica presa lá no céu.

E Julia falava:

— Elvira, a lua é uma luz para iluminar o céu.

— Ela também clareia a noite para nós.

— Igual a lamparina?

— Sim, igual as lamparinas e junto das estrelas, que são as lamparinas que estão muito longe de nós — eram bons pensamentos que Julia tinha.

Seus irmãos e primos pareciam estar em outro mundo, o mundo do sono. Julia adormeceu, desta vez dormiu pesado e não sonhou.

# CAPÍTULO 2
## Julia

A história dessa menina chamada Julia começa com a história da sua cidade. Nasceu um pouquinho depois, quando os diamantes faziam parte da paisagem econômica daquele povoado, sendo o dinheiro da época. O povoado estava no início, era bem pequeno quando Julia e seus irmãos nasceram, poucas casas espalhadas e ruas de terra batida ou de cascalho.

No pequeno lugarejo todos os habitantes se conheciam, ou eram parentes, ou eram amigos. Ali, no pequeno povoado, viviam os donos de garimpos, os garimpeiros, os comerciantes e os pequenos proprietários de bolicho, um pequeno comércio da época.

Os pais de Julia eram Ana e Egídio Domingues. E os pais de sua mãe eram Egídio (mesmo nome de seu pai) e Maria Rosalia, os avós maternos de Julia. Eles vieram da Bahia para o estado de Mato Grosso com os filhos. Logo que chegou com a família, seu avô ficou viúvo, sua mulher morreu no parto do filho caçula. E nunca se casou de novo, a criança foi criada pelas irmãs mais velhas. Aos vinte e sete anos de idade, o menino morreu afogado no Rio Cuiabá.

Um dos filhos de Egídio, o mais velho era conhecido como Miguel. Este conseguiu êxito no comércio. Estudou Ciências Biológicas na Bahia e com muito esforço abriu com ajuda do pai, Egídio, uma boa farmácia, a primeira do ramo e ganhou muito dinheiro oriundo dos diamantes.

Uma das irmãs de Ana, Verônica — nome de batismo, nome esquecido há muito tempo, pois desde menina pegara o apelido de Lala, como quase todos os moradores daquele vilarejo, ninguém mais se lembrava de seu nome verdadeiro — casou-se com Martinho Lopes, um grande comerciante, cujo ramo era a venda de tecidos usados na época, como a gabardine, o linho e a casimira, e tecidos mais comuns como estampadinhos de algodão, a chita e o murinho. Tinha uma bonita loja, onde vendia também bilhetes da Loteria Federal, ouro e diamantes.

A residência do casal ficava numa rua, perto do córrego Seminário, onde surgiu aquele povoado. Uma casa simples e modesta, com dois quartos, sala e cozinha. Proprietários de quatro cômodos de comércio, fora a loja de tecidos. Todos alugados para comerciantes ou compradores de diamantes. Uma família considerada de bem e de posses.

Maria casou-se com Laudelino um grande comprador de diamantes. Ela morreu jovem deixando dois filhos.

Dina casou-se com o senhor Pombo Lopes Cabral, um fazendeiro, plantador de arroz e criador de gado. Sua cabecinha não era muito boa e às vezes saía de si. Seu Egídio, o pai, era chamado de vez em quando para acudir os ataques da filha.

Adélia, uma bela moça, casou-se aos dezoito anos com o senhor Joaquim de Oliveira, apelidado de Joaquim Vieira e com ele teve doze filhos.

Zenilda se casou com um mineiro chamado de Pedro e teve quatro filhos. Ela demorou mais que as outras para ter seus filhos, foi quando adotou uma menininha chamada Anita, daí logo depois os filhos vieram.

Os outros irmãos de Ana, João, Antônio, Manoel e Afonso foram tentar a sorte nos garimpos. E acabaram indo para Goiás se casando com as moças daquela região, construindo suas próprias histórias.

Domingues, marido de Ana, que também se chamava Egídio, chegou àquela região ainda muito moço e sozinho, procurando uma nova vida. Mudou seu sobrenome para Domingues, porque, segundo contam seus filhos, assinava por Lemos. Nada se sabia de seus parentes, de sua família, ele dizia sempre que era sozinho.

— E os seus pais ficaram na Bahia, seu Egídio? — as pessoas perguntavam.

— Sim. Ficaram lá. Minha mãe gostava de morar no mato. Ela era indígena e deixou seus costumes para se casar com meu pai.

— Pensa voltar lá para vê-los?

— Não. Foi muito difícil chegar aqui, e voltar, mais difícil ainda.

Egídio ficava quieto, não respondia a mais nada, mantinha por um momento um olhar vago, como se estivesse vendo os seus pais.

O marido de Ana não era dado aos trabalhos do garimpo, mas fazia o que aparecia para ganhar um dinheirinho para o seu sustento e da família. Não conseguiu quase nada na vida. O que ele ganhou gastou mais nos bordéis, como tantos que trabalhavam muito de dia e à noite gastavam tudo na farra. Conviveu com muitos diamantes, muito tiro e muita cachaça. Anos mais tarde. foi chamado para trabalhar na usina de luz da prefeitura, onde ficou até se aposentar.

A cidade era apenas uma corrutela quando os pais de Julia se casaram. Foi um casamento arrumado pelo pai como era o costume da época. E com vinte e sete anos Ana já era mãe de três crianças.

O pai de Ana, seu Egídio Nascimento, descendente de português, baixo e forte, branco de pele queimada pelo sol, muito esperto e trabalhador. Não quis se casar novamente. As filhas mais velhas ajudavam a criar os irmãos menores e ele conseguiu cuidar muito bem de tudo. Atirado para o comércio e amigo de todos, ajudava também o seu filho na farmácia. Sabia e gostava de contar histórias de homens que vieram para os garimpos em Mato Grosso.

Foi nomeado escrivão da polícia e nas horas vagas dava aulas particulares em casa. Gostava muito das aulas de língua portuguesa, possuía uma letra muito bonita. Não era dado aos trabalhos pesados e como tinha boa leitura não foi para os garimpos.

Ele conheceu Augusto Alves, o fundador do povoado, que em 1920 chegou às margens do córrego Seminário, construindo uma bonita casa, estabelecendo-se como garimpeiro, comprador de diamantes, doutrinador e professor. Sua residência serviu por muito tempo de ponto de encontro dos garimpeiros que chegavam de todos os lugares do Brasil.

Segundo o historiador, poeta e escritor Ailon do Carmo, era costume dos aventureiros que iam chegando se fixarem junto aos córregos diamantíferos. Augusto Alves se preocupava em obedecer a um traçado urbanístico ordenado para a construção de suas casas, fazendo com que aquele lugar, embora fosse uma região povoada de garimpeiros, obedecesse ao traçado de uma cidade planejada.

Depois, com a abertura de estradas, ficou mais fácil trazer as famílias dos homens que vieram sozinhos. Escreviam cartas ou iam eles mesmos buscar o seu pessoal.

Augusto Alves era homem de muito poder sobre os garimpeiros e administrava tudo a seu modo. Era muito respeitado e até amado. Divergências e conflitos ele resolvia e não deixava nada pendente, sabia como se fazer respeitar. Antes dele, já haviam chegado à região algumas famílias vindas da região do Triângulo Mineiro, por volta de 1897: os Cajangos, os Barros, os Moraes e os Gabriel. Esses cinco núcleos familiares vieram em carros de boi, levando quase cinco anos para atingir a região de Alto Garças (Santa Rita do Araguaia), ali fincando raízes.

Nortistas e nordestinos iam chegando ano a ano a esta região. Quem não ia garimpar, ou ser dono das terras, tratava de arranjar algo que estivesse relacionado ao garimpo, algum comércio, ser empregado de alguém, ou mesmo se embrenhar pelas margens dos rios sozinhos tentando a sorte de encontrar a tão sonhada pedra.

Os garimpeiros eram homens viciados em aventuras. Pobres diabos sem religião, sem lei, tementes a Deus por tradição ou hábito, misturando seus míseros conhecimentos religiosos com crendices e superstições nas quais acreditavam piamente. Eram homens ambiciosos e viciados em lindas pedrinhas que amavam mais que a própria vida. O sonho era o de bamburrar numa grande pedra e ficar rico. Alguns faziam qualquer coisa para obter o que queriam, inclusive matar.

As histórias que ficaram registradas na memória do povo não foram somente as de dinheiro, diamantes e poder, ou do estranho mundo de cobiça, morte, prostituição, extravagâncias, ascensão e queda, mas histórias de pessoas que viveram grandes momentos de lutas pelos seus direitos, pela sobrevivência e — por que não dizer? — por grandes amores que venceram os desafios da pobreza e da fome, ofuscando o brilho dos diamantes.

A história dos garimpos e da formação da cidade foi assim como ele contava. Com a notícia de diamantes na região, logo a terra era rasgada pelas mãos dos garimpeiros ambiciosos, abrindo-se em caminhos ásperos a serem vencidos pelos desbravadores. Contornavam pirambeiras e grandes pedras, fraldeando a serra, derrubando árvores, construindo casas e formando pequenos lugarejos que mais tarde se transformaram em cidade.

Em Lajeado, como era chamado o lugar por ter formações rochosas em formas de lajes, a notícia da descoberta de diamantes alastrou-se rapidamente por todo o país e levas de aventureiros, notadamente do Nordeste, Goiás e Minas Gerais, chegaram para essa região mato-grossense ocasionando o surgimento de povoados como Santa Rita do Araguaia, Lajeado, Alto Garças, Barra do Garças, Poxoréo, Itiquira e outros.

Então do dia para a noite surgiram as corrutelas, pequenas povoações de aventureiros, formada por ranchos de palha e pau a pique, bem desorganizados. O povoado se expandia com o diamante. Casas de comércio surgiam da noite para o dia, fornecendo produtos de todos os gêneros para o garimpo.

Os bordéis tiveram seu papel muito importante para a formação dos povoados. As mulheres que estavam dispostas a ganhar a vida, fama e dinheiro, chegavam dos mais remotos cantos do Brasil para trabalhar como prostitutas no garimpo. Um salão de chão batido, iluminado por lampiões de querosene, servia de local para se beber e também de "pista para se dançar". Os bailes em fins de semana eram regados a muita pinga, com animação de violões, violas, cavaquinho, pandeiro, sanfona pequena e uma espécie de atabaque. Uma mulher desacompanhada, ao ser tirada para dançar, não poderia negar-se, pois *quebraria o facão* e a confusão estava armada. Havia brigas, espancamentos e mortes para lavar a honra do pobre garimpeiro.

Alguns homens chegavam a ser conquistados pelas mulheres dos bordéis, casando-se e dando-lhes uma nova vida. Algumas ficaram ricas e famosas. Outras não guardaram nada e acabaram na miséria, doentes ou assassinadas pelo amante traído, histórias muito comuns no lugar.

As confusões nos bordéis varavam a noite, acabando somente quando o céu, sem se importar com todas aquelas desgraças e querendo mostrar a sua beleza, começava a passar da escuridão para esplendidamente amarelo, depois para um imenso borrão dourado até se transformar num amarelado límpido, tranquilo. E com o nascer do sol, os bailes terminavam, a música parava. Homens sonolentos e bêbados caídos sobre o próprio vomito, ou apareciam alguns mortos nas ruas ou portas, sem saber por que e nem para que morreram. Era o fim de tantos sonhos, tantos desejos.

Os garimpeiros mais sortudos conseguiam chegar ao povoado com enorme quantidade de diamantes para vender aos capangueiros, por dinheiro vivo, que acabavam virando poeira dentro de poucos dias. Raramente se via um ex-garimpeiro rico, a não ser os donos da terra, do maquinário apropriado e que já possuíam muito dinheiro para investir e arregimentar homens a seu comando. Aqueles que não possuíam nada, o que ganhavam, acabava muito rápido, terminavam com uma mão na frente e a outra atrás e começavam tudo de novo. Os comerciantes eram, talvez, os únicos que conseguiam se arranjar na vida.

O nome do povoado por muito tempo foi Lajeado, anos mais tarde adotaram o nome de Guiratinga, que se origina do tupi "güirá/gyra", que significa ave, pássaro ou garça + "tinga", relacionando-se à cor branca, alvo, claro como os diamantes da região.

Egídio Nascimento, o avô materno de Julia, não perdia a oportunidade para contar para os netos, as histórias do surgimento daquele povoado. Julia já entendia um pouco e ouvia com muito temor as histórias dos garimpeiros. Ela os ouvia dizer que quando se descobria diamante ou ouro em algum lugar, era preciso *que corresse sangue sobre a terra a fim de que se encontrassem exatamente onde os minérios estavam.* Daí a explicação ou a desculpa para tantas mortes violentas nos garimpos.

— O garimpo é um lugar perigoso e violento, não é para qualquer um — dizia o seu Egídio. — Os garimpeiros eram aventureiros, pessoas que abandonaram famílias e se deslocaram para onde era descoberto um novo garimpo. Eles disputavam entre si a hegemonia sobre as terras diamantíferas. Corria sangue noite e dia sobre essas terras tão ricas. Eu mesmo vim para cá com a notícia deste minério. Os garimpeiros que iam atrás do bicho trabalhavam e, se bamburrassem em algum, logo buscavam a família, outros se casavam de novo, mudavam de nome, construíam outra vida. Escreviam outra história. E caso não encontrassem o bamburro esperado, saíam à procura de um novo garimpo. Era uma vida muito sofrida e penosa.

O avô gostava de se sentar na porta da farmácia de seu filho Miguel e contar outras tantas histórias. Logo, se via rodeados pelos curiosos, que queriam saber de tudo. E seu Egídio continuava:

— Havia por aqui, há alguns anos, uma mulher chamada de Joana Francisca. Ela estava lavando pratos no rio Cassununga e suas crianças brincavam com os cascalhos das margens. Eles encontraram umas pedrinhas brilhosas e iam colocando dentro dos copos de alumínio, fazendo de chocalhos. A mãe até que pediu para jogarem fora aquelas pedras, mas eles levaram para brincar em casa.

— E o que ela fez? — perguntou um rapaz curioso que passava, parando na sombra do pé de manguba, insistindo. — E o que ela fez, conta logo, não enrola.

Egídio explicava. A mulher com muito cuidado olhou aquelas pedrinhas brilhosas e levou ao marido, que mandou logo examinar e constatou serem bons diamantes.

— É, meu pai, e aquela história do papo da galinha, é verdade? — perguntava o seu filho Miguel.

— Claro, filho, o povo da corrutela deixava as galinhas na beira dos córregos o dia todo e depois era só matar e pegar os diamantes, eles estavam bem guardados, nas moelas das pobres aves.

— Tem também a história do moço que estava limpando o terreno de seu quintal e, ao puxar uma touceira de capim, em suas raízes veio junto um baita diamante, dos grandes. O homem foi embora para a capital levar os filhos para estudar. Ele aproveitou o que a sorte lhe deu.

— Dessa região foram extraídos quilates e mais quilates de diamantes — Egídio continuava.

— Eu mesmo peguei muito — disse o mesmo rapaz curioso e bêbado que descansava na sombra da árvore. — Eu mesmo peguei e dos grandes lá no Cassununga, foi mesmo, podem acreditar, meu picuá era cheio. Peguei mesmo. Assim, bem grande — dizia ele mostrando a mão em concha.

— Deixa de mentira rapaz, se pegou o que fez com o dinheiro? Não tem mais nada, é um pobre coitado — respondia seu Egídio.

— Pois é, não sei o que fiz, mas peguei sim. —

E seguia na sua cambaleante caminhada, tentando se equilibrar como podia, conversando sozinho, falando para ele mesmo.

Um outro senhor foi chegando e, puxando uma conversa que prometia ser longa, perguntou:

— Aqui teve até uma revolução por causa dos diamantes, foi mesmo, seu Egídio?

— Sim. Este local e outras regiões vizinhas foram cenário de uma grande batalha.

— Conte para nós, seu Egídio — um outro homem falou.

— Já contei essa história muitas vezes — mas se sentindo importante começou: — Foi em meados do ano de 1925, eu ainda estava na Bahia. Após a descoberta das regiões diamantíferas, chegaram homens e mais homens para essa região, mais precisamente na região do Garças, onde segundo se conta foi o palco de uma terrível batalha entre garimpeiros e forças milicianas do estado de Mato Grosso que se tornou conhecida como a Revolução de Morbeck e Carvalhinhos, dois poderosos comandantes dos garimpos da região.

Quando seu Egídio começou a contar o ocorrido, nem reparou que o pessoal, umas dez pessoas mais ou menos, começara a se achegar perto dele. Cada um se agasalhou como pode, a fim de ouvir aquela dramática história que fazia parte da vida de cada um, do pai, do avô.

— Pois bem, minha gente, já contei o acontecido por muitas vezes, mas vamos lá, continuamos, então. O movimento armado se deu porque o governador do estado de Mato Grosso, Pedro Celestino, manifestou o desejo de cobrar impostos sobre toda e qualquer terra que produzisse o tão sonhado minério. A ação não agradou os garimpeiros liderados pelo engenheiro José Morbeck, que se negou a toda e qualquer ação nesse sentido.

O povo, atento à história, quis adiantar:

— E o que aconteceu, seu Egídio?

— Bem, o governador, muito astuto, sabendo o poder desses homens, aproveitou um acontecido entre os dois líderes, José Morbeck e Manoel Balbino de Carvalho, para promover uma batalha em que o sangue de homens sem lei foi derramado por muitos anos. Foram perdas estúpidas que só terminou com o outro governador, Mario Correa da Costa. Nenhum dos chefes teve ganho a não ser o nome herdado por comandar uma revolução no leste de Mato Grosso.

— Seu Egídio, é verdade a história do território de Garimpeirama?

— Sim, queriam criar um estado independente chamado de Garimpeirama, sem êxito nenhum. O que ficou desta história foi o rastro de sangue e diversas vidas perdidas. Vidas interrompidas sem nenhum valor para os poderosos e gananciosos que corriam atrás das grandes pedras preciosas.

Ao final da história, o povo foi se despedindo, satisfeito por escutar mais uma vez aquele caso sangrento.

Seu Egídio, o avô de Julia, sabia de cor a história de Guiratinga e gostava de contar, sentado em sua cadeirinha de balanço. Era seu assunto preferido falar sobre a fundação, economia, romances, tragédias. Gostava de uma boa leitura nas horas de descanso, assinava respeitosamente os jornais sérios de São Paulo e o Almanaque de Seleções, para acompanhar de perto o governo de Getúlio Vargas.

Prezava muito pela lei, os valores e os bons costumes, e por isso foi nomeado Escrivão da Polícia. Adorava comer bem e com bastante pimenta malagueta, ao que sempre pedia a Julia, sua neta preferida, quando ela ia a sua casa:

— Julia, prepare quatro dúzias de pimenta malagueta para o vovô, mas com muito cuidado, se passar a mão nos olhos vai doer muito, muito mais do que tiro na guerra.

E ela tirava as pimentas, contava e perguntava:

— Vovô, o que é guerra?

— Filha, a guerra é uma coisa triste, dolorida. Países que brigam com outros e mandam jovens soldados para a batalha. Atiram e matam os supostos inimigos. Os soldados atiram sem saber por que e para que e morrem sem motivo algum.

— Por que, vovô? — Julia perguntava curiosa.

O avô não tinha muito que explicar e ficava em silêncio, muito pensativo, ou às vezes voltava a folhear seu velho jornal.

— Vovô, quanto é quatro dúzia?

— Você ainda não sabe? Conte doze por quatro vezes, aí você fica sabendo.

— É muito difícil, vou encher esta cuia, está bom?

— Sim, mas tenha muito cuidado.

E Julia continuava a pegar as pimentas que o seu avô queria. Gostava de passar o tempo no quintal dele. Pegava aquelas frutinhas bem vermelhinhas com o maior cuidado. Os tomates quando bem madurinhos eram a tentação. Sentava-se no chão e comia alguns.

Depois que os filhos se casaram ele foi morar sozinho. Sua casa ficava numa rua tranquila, com árvores, chamadas de sete copas, e pés de mangubas, na parte mais alta da pequena cidade. Era simples, espaçosa, com pequeno jardim na frente e um quintal que era quase um pomar. Plantava uma pequena horta, couve, abóbora e pimentões. E não faltavam várias qualidades de pimentas.

Egídio Nascimento sabia muito bem o ofício de marceneiro e fazia bancos, mesas, latadas para suas plantas. Na privada, no fundo do seu quintal, ele fez um vaso sanitário de madeira, que todos admiravam. Não tinha chuveiro. O banho era de caneca com água no balde. Para ir para a casa do avô, que era bem pertinho, Julia atravessava o quintal por uma cerca de arame lisinho.

Julia aprendeu muita coisa com o avô. Disciplinas como História, Geografia, e coisas do universo. Adorava ouvi-lo contar as histórias dos pioneiros de Guiratinga. Os seus netos foram nascendo e sendo criados em meio ao comércio de tantas pedrinhas brilhantes. As histórias da vinda destes valentes homens, da Bahia para Mato Grosso em lombos de animais, para correr atrás das riquezas que os diamantes lhes proporcionavam, eram as que mais Julia gostava, ainda mais se fossem aqueles causos que envolviam um bom romance, ou um caso inventado ali na hora para eles. Ela tinha quase sete anos e uma curiosidade bem maior. E certa vez na casa do avô, com algumas primas e coleguinhas mais velhas, pediram que ele lhes contasse uma história.

— Vovô, conte aquela história do rapaz que fez uma promessa ao santinho, conte!

— De novo essa história, Julia? Você já sabe de cor. Então vamos contar. Mas vocês prestem atenção: certo garimpeiro ainda jovem apaixonou por uma linda moça, mas sendo ele muito pobre a família não permitiu o namoro. E para ter o amor da mulher que amava, o moço fez uma promessa ao Santo Antônio que se ele o ajudasse a encontrar um bom diamante daria no dia de seu casamento uma boa esmola ao Santo. Demorou um pouco, mas ele pegou o maior diamante da época, de muito valor. Dizem que o brilho do diamante transformava a cabeça de qualquer garimpeiro e a sua ambição falou mais alto.

— E o que aconteceu, vovô? — Julia quis saber na maior curiosidade.

— Fica quieta, Julia, deixa o vovô terminar.

— Finalizando a história, sem mais delongas. Quando o moço se viu com aquele baita diamante na mão, disse: santo não bebe; santo não fuma; santo não come; santo não... para que santo ia querer dinheiro? E no último não, eis que lhe salta da mão o danado do diamante indo cair nas águas barrentas do Rio Garças, para nunca mais ser achado.

— E o que aconteceu, vovô? Não achou o diamante? E o moço não se casou com sua amada?

— Que nada, minha filha, ele tentou, mergulhou uma vez, a segunda vez, até que viu o diamante brilhar, mas na terceira vez ele ficou para sempre no fundo daquelas águas escuras, perdeu a vida, o diamante e o seu grande amor. Dizem as más línguas que a moça até hoje chora na beira do rio. E muita gente ouve um soluço triste em noites de lua cheia e uma imagem branca pairando sobre as águas do rio.

Quando seu avô terminou a história Julia chorava copiosamente no seu colo. Ela ficou com ele mais um tempinho, depois ele teve que levá-la para casa. Julia tinha um apego especial pelo seu avô, muito mais que pelo seu pai. Seu pai era muito quieto, não gostava muito de conversar, só falava mesmo o necessário, e a sua mãe Ana, mais quieta ainda. Talvez por isso os seus filhos procurassem mais o avô e as tias.

Julia cresceu em meio à produção diamantífera do povoado, em meio à riqueza e à perdição de homens e mulheres que lutavam pelo poder e pelo amor. Mas ela não sabia o valor da riqueza, o valor de ouro ou diamantes. Sua vida era simples, pobre e humilde, vivendo num mundo de faz-de-conta e de brincadeiras com as crianças da vizinhança.

Brincava de roda quando tinha muitas meninas e cantava muito. Tinha muita facilidade em aprender letras e melodias de músicas. Saía pelos quintais, a sonhar, a cantar as músicas que sua mãe lhe ensinava. Não entendia muita coisa da vida. Seu mundo era brincar, correr, pular, como uma criança, alegre e feliz.

Julia, seus irmãos e os primos, nasceram nos anos de 1930, na terra dos diamantes, no auge da produção do tão sonhado minério. Eles cresceram ouvindo boas e más histórias dos garimpeiros da região. Até as brincadeiras da criançada da época eram quase reais, imitando gente grande. Quando as mães os levavam ao riacho, onde lavavam roupas, as crianças brincavam muito com as pedrinhas brancas que catavam nas margens e as conversas giravam em torno dos diamantes:

— Olha, gente, tenho muitos diamantes.

— Que nada, Julia, olha os meus, minha latinha está cheia. Agora eu estou muito rica. Quando eu crescer, vou comprar muitas latas de doce de goiabada e de marmelada para vocês todos, dizia uma prima.

— Vamos trocar alguns?

E as crianças brincavam, juntavam pedrinhas brilhosas como os grandes garimpeiros. E sonhavam também como eles. Sonhavam que vendiam e que compravam muitos brinquedos e doces.

Ana, o marido e os três filhos moravam numa casinha de adobe, coberta de telha romana, como eram quase todas as casas daquele povoado. Havia poucas casas de tijolos, apenas as casas dos comerciantes do garimpo, e estas ficavam mais no centro do lugar.

# CAPÍTULO 3
## A Madrinha

Julia acordou ouvindo a voz de Dona Zica, que veio bem cedo para ajeitar as coisas e ver como ficariam as crianças. Chamou a menina para comer juntos ao irmão. Ela tentou ainda lembrar do que tinha acontecido. E lembrou de tudo. Sua mãe morreu. Suspirou fundo e foi comer o tira torto daquela manhã.

A madrinha fez um delicioso café e farofa de ovo com banana para as crianças e as tias que já estavam acordadas e todos comeram juntos. Arrumou a sacola de cada uma com tudo que pertenciam a elas. O pai, que tinha passado a noite com eles, estava sentado num banco, não falava nada, cada vez mais quieto e triste, fumando um cigarro.

Dona Zica ajudou as tias de Julia a arrumar as roupas que sua mamãe não usaria mais, que eram bem poucas.

— Vou dar estas roupas para a Madalena.

— Tudo bem, Dona Zica, pode levar — disse Zenilda na maior tristeza.

— Vou pegar todos os pertences das crianças, e elas vão comigo agora. Diga ao seu Egídio para ir lá na pensão para gente conversar. Deixei Elvira com a minha amiga Carlota.

E Dona Zica lembrou de Ana quando pegou um de seus vestidos para dobrar. Assim que ela ficou grávida percebeu que alguma coisa não ia bem com ela e pediu a comadre que levasse os menores para sua pensão ou que pelo menos criasse a pequena Elvira.

— Comadre, leve as crianças com você.

— Por quê? São seus filhos.

— Não me sinto bem. Eles são pequenos.

— E as tias? E o seu pai? Eles não concordarão.

— Não, comadre, mas elas já têm suas próprias vidas, seus maridos, seus filhos.

— Olha, comadre, posso levar Elvira. Julia já está bem grandinha e o menino não posso levar. Os três são muito para eu cuidar.

E Dona Zica levou a pequena Elvira, mas trazia todos os dias para ela ver os irmãos e os pais. Estava bem cuidada. Depois da morte da mãe ela resolveu levar os outros dois, até que as suas madrinhas resolvessem pegá-los.

Carregou-os para a sua pensão. Uma casa limpinha e cheirosa. Todos gostaram. Não entenderam muito, mas aceitaram bem. Olhavam tudo com interesse, o movimento dos pensionistas, animais no quintal, gente que passava alegre, triste. O tropel de cavalos, carroças e charretes. O padeiro gritando:

— Olha o pão.

E o leiteiro na carroça barulhenta:

— Olha o leite.

Julia viu as fotos na parede da sala.

— Elvira, as fotos da madrinha. É o marido dela — mostrava.

— Vamos ver o pomar, têm galinhas no quintal — falava Elvira, correndo e saindo pela porta dos fundos. Julia olhava o papagaio.

— Cuidado, meninos, não vão se machucar. Podem brincar à vontade.

Nilton de quase três anos tentava subir no pé de caju.

— Este aqui é meu, vocês não vão subir.

Começava uma rotina diferente para as três crianças e para Dona Zica. Uma nova vida. Julia ficou muito contente de ir morar com a madrinha bondosa, que logo cercou de carinho e cuidado as crianças órfãs de mãe. Tratadas com desvelo, pareciam animaizinhos novos, contentes e saltitantes. Dona Zica risonha, feliz, vivia das panelas para o quintal, às compras, a chamar a meninada.

— Meninos, está na hora de almoçar, vão lavar as mãos e o rosto.

A madrinha chamava. Era muito bondosa, mas muito exigente. Tudo tinha que ser muito bem limpo. As crianças teriam que entrar no ritmo.

A vida para eles tomou outro rumo. As crianças limpinhas, a comer com prazer aquela comidinha feita com carinho, o cheiro de café, fogão a lenha aceso, com uma chama tão viva a crepitar embaixo da chapa de ferro. A vida mudava para eles e Dona Zica que encontrava no amor forças para a sua nova tarefa, que não era muito fácil. Limpar, lavar, dar banhos, fazer as refeições das crianças e dos hóspedes. Não tinha tempo para suas tristezas. Era solicitada o tempo todo. A pensão ganhou vida. Todos estavam felizes.

Julia era muito sapeca e gostava de dar umas respostas para a madrinha. Quando chovia à noite, com medo dos relâmpagos, a madrinha mandava cerrar os dentes, por causa dos trovões. Ela falava:

— E a senhora, madrinha, como vai cerrar os dentes, se tirou a dentadura para dormir?

E ela não respondia. Acompanhava os três até o quarto, os faziam trocar de roupas, recitavam as orações e com os olhos amortecidos pelo sono, ainda conseguiam dizer:

— Boa noite, madrinha, dorme com Deus. — E Julia acrescentava:
— *E com as pulgas.*

Ela fingia não ouvir e ficava ali parada olhando para eles, não tivera filhos e agora Deus tinha dado aqueles três anjinhos para ela. Sim, eles eram dela, cuidaria muito bem deles como se fossem seus e faria tudo por eles.

Cada amanhecer, cada dia, era algo novo e bom para as crianças, uma sucessão de coisas maravilhosas, um desvendar de mistérios. Os dias, as semanas e os meses foram passando, enfim, a vida seguia tranquila, mansamente com muita paz, a não ser a saudade que Julia sentia da mãe. A madrinha dela veio um belo dia e a levou para fazer uma experiência de cuidar dela, mas não deu certo. Julia voltou para morar com a madrinha.

— O que aconteceu, Julia? Por que não ficou com ela, sua outra madrinha? — quis saber Dona Zica.

— Não gostei e chorei muito. Quero ficar aqui com a senhora, madrinha.

Ela era chamada por todos como Dona Zica. O seu nome verdadeiro, que poucos conheciam, era Maria Joana da Silva, dona da pensão, chamada de Pensão Sul Goiana. Chamava as crianças com carinho enquanto lhes dava de comer. Os pensionistas, atraídos por uma boa comida, vinham fazer as refeições na pensão, eram viajantes, vaqueiros, trabalhadores, pessoas que chegavam a Guiratinga, principalmente os garimpeiros que nesta época vinham de Goiás e da Bahia atrás do sonho reluzente dos diamantes e de terra para lavoura e criação de gado.

A velha casa de adobe onde Dona Zica usava como pensão ficava numa parte central da cidade. Uma casa grande, coberta com telhas de barro, já bem pretinhas pela passagem do tempo. Dois quartos, um dela e outro para as crianças, dentro da casa, e do lado de fora mais cinco quartos para os hóspedes. Uma sala com bancos e uma talha de barro onde a água se conservava sempre fresquinha para beber. Os copos eram dependurados na parede, tudo muito bem areado.

Na parede da sala havia vários retratos dela e de seu falecido marido, um negro franzino e alto, olhos piedosos, parecia ter sido gente boa. A morte o levou cedo, ofendido de cobra boca de capanga, não resistiu nem vinte e quatro horas. Deixou Dona Zica viúva, sozinha. Criada sem pai nem mãe na casa de uma tia que morreu logo após o seu casamento.

Com o falecimento de seu esposo Joaquim, Dona Zica saiu de Goiás, da cidade de Formosa, e veio passar uns tempos em Alto Garças na casa de uns amigos. Trabalhou de doméstica e conseguiu ajuntar um dinheirinho que, somando ao que o marido deixou, deu para comprar uma casa velha em Guiratinga. Experiente em cozinha, principalmente nos pratos goianos deliciosos, Dona Zica começou a servir refeições para os garimpeiros, ganhando um bom dinheirinho. E todos que ali chegavam perguntavam:

— Onde é a pensão de Dona Zica?

Ou:

— Vocês conhecem a pensão Sul Goiana?

Havia na sala também uns quadros de santos, por ser muito religiosa, era devota de todos, porque para ela todos faziam milagres. À noite era comum vê-la rezando e acendendo velas. E Julia fazendo piadas:

— Madrinha, com tantos santos a Senhora vai dormir só amanhã.

— E amanhã você é quem vai apanhar, menina, vê se vai dormir.

Saindo da sala, passando por um pequeno corredor, uma sala de jantar, ou melhor, de servir as refeições do meio-dia, tinha duas mesas grandes e bancos de madeira. A cozinha mais adiante era bem arejada, com um fogão de lenha num canto, prateleiras de panelas e pratos, forrados com panos alvinhos e bordados, trocados todos os sábados. Um suporte na parede para o coador de café, peneiras, conchas e talheres.

No quintal de tudo um pouco: a cisterna, onde era retirada a água para o consumo, um galinheiro que fornecia ovos e carne branca. Dois puxadinhos, um onde ela guardava a lenha que estava sempre sequinha, e o outro a privada que era usada por todos para o banho e necessidades fisiológicas. O quintal bem limpinho de terra batida era um verdadeiro pomar — manga, laranja, goiaba, jabuticaba.

Do lado do puxadinho onde guardava a lenha tinha outro fogão mais baixo onde Dona Zica com muito capricho fazia o sabão para o uso, e os doces, de leite e de várias espécies de frutas: manga, goiaba, caju, jaca, jenipapo, abóbora, mamão. Umas cabaças dependuradas com mel de abelhas. Fazia também a clássica geleia de mocotó, com leite, açúcar e pés da vaca, que ela mesma tratava. Dava muito trabalho, mas era um doce muito gostoso e procurado. As pessoas chegavam a fazer a encomenda meses antes. Em pouco tempo tinha conquistado uma boa freguesia e as encomendas de doces não paravam de chegar.

Acordava bem cedo. Às cinco horas da manhã, já estava de pé, e o cheiro de café quentinho espalhava pela casa toda, atiçando o fogo com mais força, colocava o feijão na panela preta de ferro, onde rapidamente pegava a primeira fervura. Preparava o tira jejum das crianças, bolinhos de fubá, farofa de ovos caipira, e vez em quando beijus, de polvilho de mandioca, bem branquinho, uma coisa maravilhosa. Julia sempre perguntava:

— Madrinha, amanhã tem beiju?

— Não sei, tenho que comprar mais polvilho. Seu Chico Poeira demora muito para trazer.

E Julia caçoava:

— Também com aqueles pés.

Às vezes ela mesma, quando sobrava um tempinho, ralava a mandioca e tirava o polvilho. O processo era muito lento e dava muito trabalho. Tinha que lavar bem a massa da mandioca ralada. A água da lavagem colocada em bacias, para que aquele pozinho branco ficasse no fundo, depois ela escorria a água, por várias vezes e colocava o pó para secar, mexendo e peneirando numa peneira bem fininha.

Muita gente procurava pelo bolo de puba de mandioca e gostavam de ouvir a história da invenção deste maravilhoso bolo.

— O bolo de puba foi criado acidentalmente pelos indígenas. Depois de desenterrar um pé de mandioca, e por não terem facas, eles colocavam a mandioca no rio para que a casca se desprendesse da polpa — ela gostava de explicar. — Daí eles deixavam tempo de sobra e a mandioca fermentava, depois faziam a massa, lavando bem e acrescentando, ovos, rapadura e banha de porco.

— Quem falou isso, madrinha?

— Foi o Manezinho Bororo.

— Dona Zica, hoje tem bolo de puba? — eram os pensionistas que pediam.

— Ah, estou sem tempo, tenho agora as crianças. Mas se der, eu faço — era sempre a sua resposta de tão atarefada que ela andava. Comprava farinha de mandioca de Chico Farinha.

A lenha para o fogão, Dona Zica comprava do moço Martinho, um rapaz de uns trinta anos que sempre trazia os paus de angico, jatobá e boca-boa, lenha de primeira, que não fazia muita fumaça e durava muito tempo queimando. Diziam que o pobre moço era ruim da cabeça, mas muito trabalhador.

As brasas eram usadas no ferro de passar roupas e para assar o bolo de panela. O bolo de panela era feito em cima do fogão de lenha. Depois de preparar a massa, esta era colocada numa panela de alumínio batido e como tampa uma chapa de flande com brasas. A maioria dos bolos era feitos assim, principalmente o de fubá. E as cinzas eram guardadas num balaio, que era para fazer sabão de *dicuada*, o sabão de bola, que é feito com cinzas, sebo e ossos de vaca e folhas de mamão.

As verduras sempre bem fresquinhas eram trazidas da horta de seu Sató, um japonês que mal falava o português e ninguém sabia quando e como ele chegara a Guiratinga. As pessoas tinham muita dificuldade para entendê-lo, mas mesmo assim não deixavam de comprar de sua maravilhosa horta. Esta era grande, tinha de tudo, até ervas para chá. Ele mesmo trazia na sua bicicletinha as verduras para a pensão.

— *Sató, entregra vredurá frequinha* — ele dizia a todos.

A carne, Dona Zica comprava dia sim dia não no açougue de Seu Chico Magro e também do Seu Chico Pimenta, cujos açougues ficavam na mesma rua. Ela mesma fazia questão de ir fazer o pedido.

— Seu Chico, tire para mim a costela mais gorda, para hoje. E também, rabada e mocotó para amanhã. Tenho vários hóspedes e estes garimpeiros comem pra valer, parece que dormem amarrados, vou fazer costela com mandioca.

— Tá saindo, Dona Zica. Tô até de água na boca — e caprichava no pedaço.

O açougue do Seu Chico era o mais frequentado, porque o povo gostava muito dele. Contavam que ele quase perdeu todo o seu gado, e daí fez uma promessa a São Sebastião *que ele tinha como protetor da humanidade, contra a fome, a peste e a guerra.* A promessa seria de que, se ele curasse seu gado doente, daria todo o dia vinte de janeiro de cada ano um quilo de arroz, feijão e carne para a população mais carente. Era uma festa na frente de seu açougue, uma multidão gritava num só coro.

— Aqui, aqui, seu Chico.

Difícil era repartir uma vaca para toda aquela gente.

— Ganhei só osso — um dizia.

— E eu arroz puro — outro reclamava.

Como naquele tempo não tinha geladeira, tudo deveria ser consumido no mesmo dia ou deveria se comprar carne de sol, a carne seca. O leite era entregue pelo leiteiro de Dona Blanca, uma mulher viúva que possuía umas vaquinhas bem pertinho da cidade. O leiteiro tirava o leite e todos os dias bem cedinho ele entregava de porta em porta, montado num cavalo com dois galões de lado e uma jarra de alumínio para apanhar o leite de dentro da vasilha.

— Leiteiro... olha o leite.

— Já vai, homem, pare com essa gritaria.

Dona Zica corria com uma panela de alumínio bem areada e brilhosa.

— Bom dia, Dona Zica, como vão as crianças?

— Olha, seu João, tão me dando uma trabalheira danada, mas vai tudo bem. Vê se capricha aí na medida, hoje quero dois litros, vou ferver bem fervido para aguentar até amanhã sem azedar, para a gurizada.

Dona Zica trabalhava muito. O trabalho dobrou, lavar, passar, servir na pensão e cuidar das três crianças. Passava mais tempo sobre o fogão, assoprando o fogo muitas vezes, suas bochechas negras brilhavam, até aparecer as primeiras labaredas e o cheiro de angico queimado enchia a cozinha. Era um cheiro bom. Um cheiro de vida. Um cheiro de café quentinho que espalhava pela vizinhança. Ela sabia fazer uma comida goiana como ninguém, até pessoas que não eram hóspedes vinham experimentar. Caprichava nas marmitas que entregava todos os dias no almoço, tudo bem limpinho e cheiroso.

Quando a madrinha se arrumava toda, aos domingos, vestia sempre uma saia azul marinho, uma blusinha branca, tipo camisa, sapato preto, meias finas para ir à missa, e Julia mais uma vez dizia com voz cantada:

— Todo dia na minha terra, passa barco e canoa — e repetia.

Dona Zica voltava muito zangada e ralhava com ela:

— Me respeite, menina. Por que está cantando isso para mim?

— A senhora só tem essa roupa? Domingo passado a senhora foi com essa mesma, acho que só mudou o cabelo, que está mais penteado — e caía na gargalhada. Dona Zica não respondia e ia para sua reza, voltava toda feliz e não se lembrava mais das chateações de sua afilhada.

As pessoas iam à pensão não apenas para se hospedar ou comer, muitos homens iam apenas para uma boa conversa que sempre girava em torno de política, diamantes, mortes de garimpeiros, preços das mercadorias no comércio, entre outras histórias. Não faltavam os causos de assombração dos garimpos.

E Dona Zica quando terminava sua lida na pensão, gostava de ouvir as histórias, arrumava na porta da casa uns bancos e cadeiras de madeira, acomodando os ouvintes e pedia:

— Seu Joaquim, conte aquela história do disco quebrado.

Era a história que ele mais gostava de contar. Ele era um garimpeiro baiano de sessenta anos de idade e na folga do garimpo vinha sempre com sua esposa Guilhermina, uma parteira de primeira. Não tinham filhos, talvez por isso gostava sempre de ter gente ao redor deles.

Quando sabiam que iam contar histórias, as crianças já se prontificavam a sentar e ficar bem quietinhas para ouvi-las. O medo das histórias de assombração era grande, mas mesmo assim não perdiam uma, de todo tipo.

E naquela noite de lua cheia, a história seria de arrepiar. O homem começou:

— Havia um garimpo pros lados de Cassununga que diziam ser mal-assombrado. Lá acontecia de tudo. Acreditem ou não. Todas as noites de luar, quando os garimpeiros passavam por uma estradinha de chão batido, ouviam sempre a mesma música... *juazeiro, juazeiro, ploc, ploc.* Era mesmo intrigante. E não foi um nem dois que ouviram a alma que cantava. Foram muitos. E nenhum deles tivera coragem suficiente para enfrentar o bicho cantor. Num belo dia ou numa bela noite de lua cheia

— o contador da história continuava —, apareceu por lá um garimpeiro valente e forte, dizendo: "sou maranhense e sou muito corajoso, eu vou lá e acabo com este mistério. Nunca tive medo de vivos, quanto mais de assombração. Já corri atrás de muitas". O rapaz se armou de uma bela espingarda, carregadinha de chumbo, um facão meio enferrujado, que ele não parava de amolar, uma capa de chuva. Selou o seu cavalo, cobriu a cabeça com seu chapéu nordestino. Procurou algum para ir com ele. Mas não apareceu um vivente que topasse a ideia. Os companheiros e amigos pediram para ele ter muito cuidado, pois a viagem seria muito perigosa. E não sabiam o que o moço encontraria quando chegasse ao local indicado. O moço seguiu a jornada. Andou mais ou menos uma hora pela estrada de terra branquinha, e já era noite alta com uma tênue brisa que soprava balançando os galhos mais leves. A estradinha era boa para andar a cavalo, sem buracos ou grandes declives. De longe começou a ouvir a cantoria. Parou, escutou. Entrou no matagal, atravessou um pequeno veio d'água e a cantoria aumentava. Parou novamente para tomar direção de onde vinha a visagem e como a noite estava clara pode avistar uns pés de coco babaçu, bem baixinho, cujas folhagens tocavam o chão. O moço parou novamente, apeou do cavalo e seguiu a pé. Observou os coqueiros que balançavam com o vento. E a música começou: *juazeiro, juazeiro, ploc, ploc*. Não passava disso. O homem muito corajoso e admirado por uma alma estar morando num lugar tão esquisito, foi se aproximando, mais e mais, parou, olhou e cutucou as folhas com a espingarda. Por um momento sentiu medo, ficou arrepiado dos pés à cabeça. Mas manteve o prumo, respirou fundo e investigou. E qual não foi a sua surpresa quando viu um pedaço de disco musical sendo arranhado por um galho do coqueiro. O rapaz caiu na gargalhada, riu tanto que ia esquecendo-se de voltar. Sentou-se no chão de tanto rir e ficou aliviado por saber que não teria que lutar com o bicho, ou com uma alma penada. Colocou o pedaço do disco no embornal e seguiu seu caminho de volta. Explicou para os garimpeiros que o olhavam desconfiados, mas ele falou, argumentou até acabar com o mistério da cantoria no meio do mato. Muitas histórias eram contadas todas as noites na pensão. Era uma distração e tanto para os trabalhos, vizinhos e amigos.

No final da história que o Senhor Joaquim contou, as duas meninas estavam paralisadas de terror, mas ao mesmo tempo aliviadas pelo mistério ter sido desvendado, já o menino, bem aconchegado no colo da madrinha, dormia candidamente.

Dona Zica trabalhava muito, era uma correria o dia todo. As crianças ainda eram pequenas e exigiam muitos cuidados. Mas a madrinha era muito feliz. A única preocupação foi quando o pai das crianças falou para ela num dia em que foi visitá-los.

— Comadre, vou casar de novo e vou levar Julia e Nilton para morar comigo na usina de luz. Você fica com Elvira.

Ouvindo isso a madrinha sentiu o coração aos pulos. E muito preocupada tentou tirar a ideia de ele levar as crianças.

— Não sei se vai adiantar nada, mas eu penso que é melhor eles ficarem juntos aqui comigo. Estão acostumados. Aprenderam muitas coisas.

Seu Domingues foi embora dizendo que voltaria em breve para pegar as duas crianças.

Dona Zica tinha agora os pensamentos cheios de sombra sobre este assunto.

— Madrinha, a senhora está tão triste? O que foi? — as crianças perguntavam.

Mas a madrinha não respondia. A sua cabeça fervilhava em pensamentos tristes e preocupantes, principalmente com Julia.

O que seria quando fosse grande, quando fosse uma moça? Será que casaria? E se fosse morar com o pai, seria pior. Era tão esquisita, tão triste. E falava com as vizinhas:

— Eu me preocupo muito com essa menina. Tão magrinha. Distraída. E curiosa, como é curiosa. Não tem maldade nenhuma. Se alguém a chamar já está indo embora.

— É verdade, Dona Zica.

— Ano que vem vou colocar ela na escola e depois a irmã. Quem sabe ela melhora. Mas agora estou preocupada com a história de ela ir morar com o pai.

Julia até que deu uma boa parada na ideia de ir morar com o pai. E a madrinha ficara feliz.

— Preciso que você vai entregar as marmitas na casa da dona Geni, Julia.

— Vou sim, madrinha, é bem pertinho.

— E tome muito cuidado, não pare no caminho.

E ela ia bem contente. Outras vezes ia pegar as encomendas das carnes secas no açougue do Chico Gordo.

— Boa tarde, seu Chico, vim pegar as carnes. Espero que não estejam pesadas.

As carnes eram carregadas numa bacia de alumínio que Julia colocava na cabeça.

Como Julia era muito levada e distraída, a madrinha sempre recomendava:

— Filha, cuidado. Volte logo. Não fique pelo caminho. Não demore.

— Sim, madrinha, volto com o vento.

E um belo dia, ao levar uma encomenda para uma amiga da madrinha, na volta, Julia se distraiu numa grota, formada pela chuva. As crianças gostavam de brincar ali, escorregando nos barrancos. Julia foi e não conseguiu subir de volta. O desespero tomou conta dela.

— Madrinha, madrinha. Me tire daqui.

Naquele momento não passava ninguém por ali e a menina se viu diante da possibilidade de ficar ali muitas horas. E se escurecesse? Quem a tiraria dali? Chorou muito. De repente, para seu alivio, escutou uma voz:

— Menina, oi, menina.

Julia olhou aliviada, mas ainda com medo. Era um rapaz que sempre passava ali a cavalo voltando para o sítio onde morava e trabalhava.

— O que aconteceu? De cá a sua mão que vou tirar você daí.

Julia esticou o seu bracinho magro e o rapaz a tirou de lá.

— Da próxima vez tenha cuidado, se anoitecesse, era somente amanhã que você ia sair deste buraco.

Julia disparou numa correria para a casa da madrinha, com olhos esbugalhados de medo. Não contou o acontecido para ninguém.

E assim transcorriam os dias na pensão de Dona Zica.

# CAPÍTULO 4
## A Madrasta

A madrinha das crianças percebeu que Seu Domingues não estava mais muito triste. Não esperou muito e, depois da morte da esposa Ana, ele já estava todo alegrão, dando as suas voltinhas à noite, enquanto as crianças ficaram morando com Dona Zica, na pensão. Ia visitá-los todos os dias de manhã.

Mas Dona Zica percebeu que as visitas do pai iam escasseando dia após dia. E ela sempre perguntava quando ele vinha visitar as crianças:

— Seu Domingues, o senhor ainda pensa em levar as crianças para morar com o senhor?

— Penso sim. Só se eles não quiserem ir. Vou me casar e talvez eles possam vir morar comigo.

— Será que vai dar certo? Poderia deixar eles aqui comigo. Aqui não falta nada para eles, temos dificuldades, mas sempre dou um jeito.

A madrinha ainda tinha esperança de ficar com as três crianças, de criar como seus, de dar uma boa educação e cuidados. Julia perguntava sempre, e sua pergunta doía o coração da madrinha.

— Madrinha, nosso pai vai ter outra esposa? Nós vamos ter outra mãe? Eu não queria ter outra mãe. Eu queria a minha mãe de verdade.

— Ela morreu, minha filha.

— Ela não pode voltar?

— Claro que não. Quem morre não volta mais. E a gente tem que continuar a vida.

— Seu pai vai casar-se novamente, mas ela não vai ser sua mãe, será sua madrasta. E pode ser que seja uma boa moça e cuidará bem de vocês, se ele resolver levá-los e se vocês quiserem ir.

Dona Zica descobriu que o nome dela era Maria, filha de mineiros, baixinha, morena, uns trinta e seis anos de idade. Pouco se sabia dela, mas as tias de Julia a acharam com uma cara bem ranzinza e ouvira o povo dizer que ela era de lua.

Depois que se casaram o pai vinha vezes ou outra visitar os filhos na pensão da madrinha. As tias falavam que a nova esposa era muito ciumenta e não gostava que Egídio visitasse os filhos. Quando ia à pensão, tinha que voltar sempre em cima do rastro. Ele tinha muito medo da Maria. As visitas aos filhos iam ficando cada dia mais raras e Julia sentia falta do pai, que sempre prometia levar as crianças para casa dele.

O avô estava ainda mais preocupado com as crianças e foi visitá-las na pensão de Dona Zica.

— Vovô, vovô — as crianças correram ao seu encontro felizes com sua visita.

— Olha o que eu trouxe para vocês — disse ele abrindo uns saquinhos cheios de pirulitos em forma de guarda-chuva fechado.

— Foi tia Zenilda que fez, ela aprendeu na escola das irmãs.

Eram uns pirulitos feitos de açúcar queimado com limão e enrolados em papel de embrulho cor de rosa, o mesmo usado nos armazéns para enrolar pães. As crianças fizeram uma festa com os pirulitos, enquanto Egídio, o pai de Ana, conversava com Dona Zica.

— O Seu Domingues já se casou, hein?

— Pois é, como é que pode. Julia já está falando que vai morar com eles, o que o senhor acha?

— Estou preocupado, as tias também. O que nós podemos fazer. A menina é muito teimosa, deixa ela ir para ver, se não der certo, ela volta. O bom seria que ela parasse aqui com a senhora. Aqui é mais seguro. Além do mais ela não conhece a madrasta e pode ser que vai judiar dos pobres.

Depois de umas horas de conversa, o avô das crianças foi embora pensativo. Ia para seu trabalho na delegacia de polícia.

A madrinha andava preocupada e angustiada. Não sabia se era certeza que o pai levaria as crianças. Pensou na pequena Elvira, que a mãe já havia dado em vida para ela criar. Passado mais uns tempos, Julia falou com a madrinha:

— Madrinha, quero morar com meu pai. Deixa-me ir. Fico um pouco lá com meu pai e se eu gostar fico morando para sempre com ele.

Sua madrinha ficou muito triste. Sentiu a ingratidão de Julia, mas entendeu que na sua pouca idade não sabia muita coisa da vida.

— Como pode agora me abandonar, minha filha?

Dona Zica precisava muito de sua ajuda na pensão, era pouca, mas servia. Tinha muito trabalho. E ela queria que os três irmãos crescessem juntos, como uma família. Mas Julia estava muito decidida e nem ligava, só pensava em ir embora. Sua madrinha implorava:

— Não vai, filha, fique aqui, com seus irmãos. O que está te faltando? Cuidado com a madrasta que seu pai arranjou para vocês. Eu já contei a história da menina e o pé de figueira? — perguntava a madrinha.

— Não, ainda não, conte, ué — dizia Julia já interessada, pois adorava ouvir os mais velhos contar aqueles causos do tempo do ronca.

— Havia um senhor, muito rico. Tinha uma bela fazenda, esposa e uma filha linda, com cabelos longos e loiros. A mãe cuidava da menina e todos os dias escovava seus loiros cabelos. Mas um dia a mãe morreu. Então o pai da menina resolveu casar-se novamente, para ter alguém que pudesse cuidar da menina. Logo apareceu na cidade as pretendentes, ele então escolheu uma mulher muito elegante, de traços muito finos e muito bonita, que parecia ser boa pessoa. Ela era a sua vizinha e parecia gostar muito da menina. O casamento foi muito bonito, muita festa e muito gasto. Levou a esposa para a fazenda e começaram a nova vida. Tudo parecia um conto de fadas. A menina contente. O pai muito feliz com a linda esposa.

— E daí? O que aconteceu, não estou vendo nada de mais nessa história — interrogava Julia.

— Calma, vou chegar lá. A madrasta começou a tratar a menina com muita frieza, mas cuidava de tudo muito bem, dava ordens aos escravos para que eles fossem tratar dos animais e das plantas. E no pomar muito bem cuidado havia uma linda figueira cujos frutos maduravam no outono, e os pássaros vinham comê-los todos os dias. E quando o senhor viajava, ela mandava a menina tocar os passarinhos da figueira. Mas um dia a pobre não deu conta dos bichos e a mulher ficou muito brava porque os passarinhos comeram todos os figos. Pegou a menina e a enterrou embaixo da figueira. Ao regressar de uma longa viagem o pai da menina foi procurar a filha. A madrasta fingida disse que a menina tinha sumido. O pai não se conformou. Mandou os escravos e o capataz procurar a menina sem descanso, na esperança de encontrar a filha, que pensava que ela tinha ido atrás dele. E todos os dias saía pela fazenda, chamando a amada filha. Muito cansado, mandou um dia o escravo limpar a figueira porque havia nascido um capim bem fininho embaixo dela. De tanta tristeza, ele havia descuidado muito da limpeza do quintal ao redor da casa. Mas naquele dia resolveu mandar limpar. "Limpem tudo. Cortem aqueles galhos. Tirem esta árvore aqui." Um escravo começou a carpir embaixo da figueira, quando ouviu um canto triste bem baixinho. "Nego do meu pai não me corte os meus cabelos, a madrasta me enterrou pelos figos da figueira". O canto se repetiu muitas vezes. "Nego do meu pai não me corte os meus cabelos, a madrasta me enterrou pelos figos da figueira". O moço parou assustado, arrepiando-se todo, mexeu na terra e foi chamar o seu senhor. O pai ouviu com lágrimas nos olhos aquele canto triste e percebeu que vinha de debaixo da terra, mandou o nego cavar. Ele cavou, cavou. Cada vez mais fundo e com mais pressa. Bateu numa mala de madeira. Com cuidado foi retirando a terra. Conseguiu puxar a mala. O pai disse: "Abra, nego, abra rápido." Quando abriram foi grande a surpresa dos dois. Lá estava a menina vivinha, limpa e muito clarinha, com seus lindos cabelos penteados. O pai muito zangado expulsou a madrasta de casa.

 Julia deu risada. Fechou a cara, ficou pensativa e triste, mas sacudiu a cabeça.

 — Viu, madrinha, ela não morreu, isso é uma historinha inventada, pensa que não sei?

 A madrinha ficou muito triste com a decisão de Julia e argumentou:

 — Sim, é uma história antiga e não sei se foi inventada. Dessas para fazer medo em crianças. E quem vai me ajudar? A pensão dá muito trabalho. Eu tenho muito que fazer.

 Julia sem dizer mais nada arrumou sua trouxinha de roupas e falou com a madrinha:

 — Meu pai vai levar o Nilton, a senhora fica com Elvira, que é mais novinha.

 E pensou: "lá pelo menos não vou trabalhar tanto como aqui". Julia resmungou para si. E o pai veio buscá-la de carroça.

 Foi morar com seu pai na usina de luz que ficava no subúrbio da cidade, do outro lado do córrego Lajeadinho. Ele cuidava da usina, acostumado a ficar dia e noite vendo as turbinas barulhentas rodarem. Julia foi bem recebida pela madrasta. Tudo era um mar de rosas para eles. Maria, a mulher de seu pai os tratava bem. E Julia ajudava nos afazeres domésticos com o que dava conta de fazer. Gostava do lugar porque tinha muita água, um maravilhoso pomar de mangas, laranjas, limas e mexericas. Era tudo muito bonito e Julia parecia feliz.

Às vezes, a madrinha e Elvira iam passar o dia com eles. Não demoravam muito. Achavam a Maria com a cara muito ruim. Desconfiada, a madrinha Zica pegava Elvira e logo iam embora. Ainda olhava para trás, na esperança que Julia e o irmão pedissem para ela levá-los.

As coisas começaram a mudar quando à noite seu pai ia trabalhar na usina. Maria sempre teve medo. Medo de escuro e tudo o que ela imaginava que tinha: alma do outro mundo, bicho, cobra, barata, ladrões. Por isso, Egídio a levava para dormir na usina, mas, devido ao barulho das turbinas, ela não conseguia dormir.

— Agora, Maria, as crianças farão companhia a você. Não precisa ir comigo para a usina — disse ele.

Ela concordou em ficar com as crianças. Só que o medo dela não passou. E teve a ideia de colocar Julia sentada numa cadeira perto de sua cama e falou:

— Você não vai nem cochilar, enquanto eu não dormir, está ouvindo, menina? Você fica de vigia, porque eu tenho medo de ficar aqui sozinha, sem seu pai.

Foi neste momento, ou neste dia, que começou o sofrimento de Julia. Quando ela cochilava, a madrasta a beliscava, a mordia. E assim era a noite inteira. Um tormento para uma menina, que era uma criança ainda. O sono ia chegando de mansinho e roubava Julia e roubava o medo da madrasta da noite escura.

Julia dava uns cochilos e, quando o sono pesava, chegava a cair da cadeira acordando a mulher com o barulho.

— Acorda, sua moleca, você quer apanhar?

E todas as noites era a mesma coisa. Às vezes, ela chegava a queimar a menina com o cigarro de palha que fumava antes de pegar no sono. Noites e noites, Julia chorava baixinho, lembrando de sua mãe, de sua boa madrinha.

— Cala já sua boca, sua chorona, vou quebrar você no laço, engole este choro.

E Julia engolia, tossia, pigarreava e secava suas lágrimas na manga rasgada do vestidinho surrado.

Com mais de meses de sofrimento, Julia tinha o corpo todo marcado, braços, pernas, pescoço, sem contar as varadas que ela ganhava durante o dia para fazer o serviço de casa.

Nilton dormia muito cedo, e nele ela batia de varinha e beliscava e judiava muito obrigando-o a comer as comidas que ele não gostava. Jiló com ovo, o menino odiava, quiabo com feijão, pior ainda. Ela dizia:

— Coma tudo, menino, não jogue fora, não. Você não sabe quanto custa, moleque atrevido.

Nilton era muito esperto e, quando Maria virava as costas, ele jogava a comida nos vãos dos degraus de madeira que havia na porta da cozinha. Ele quase nunca comia o que ela lhe dava e ele ia emagrecendo muito. Julia estava muito triste, não por ela, mas pelo irmão.

— Maninho, você tem que comer. Coma tudo o que ela lhe der.

Às vezes, à noite, quando a mulher descuidava, Julia pegava banana para ele, na cozinha.

— Ela pensa que você é bobo, mas tem que comer a gororoba.

Julia falava ao irmão que enganava a madrasta, todos os dias. Mas sua maldade não parava aí.

Certa vez vindo a pé da cidade, ao atravessar o córrego do Lajeadinho, numa pinguela, Maria deu um safanão no menino.

— Anda logo, moleque, caminhe, precisamos chegar em casa logo para fazer comida para seu pai — e enquanto falava, empurrou o pobrezinho para frente. Nilton escorregou, vazou por um vão da madeira quebrada da pequena ponte e caiu. Dizem as más línguas que foi de propósito que ela fez isso. Mas ninguém sabe dizer ao certo o que foi. Um garimpeiro, que para sorte do menino estava faiscando alguns xibius, conseguiu pegá-lo no ar antes que o pobrezinho caísse em cima dos cascalhos ou dos poços que eram bem fundos.

— Dona Maria, o que aconteceu? Como o menino caiu? — disse o garimpeiro quando lhe entregou o menino.

Ela respondeu:

— Sei não, moço, acho que o coitadinho tropeçou.

E saiu apressada carregando o menino que chorava de susto.

O lugar onde moravam era muito perigoso, tinha muitos regos d'água e um buraco bem fundo onde ficava a usina. Para chamar Domingues, precisava jogar pedras lá embaixo e, quando ele escutava o barulho, subia para ver o que era.

Quando seu pai chegava, Maria tratava Julia com todo carinho.

— Vem comer, querida, depois pode ir brincar com seu irmão no quintal.

Mas à noite a coisa mudava. Era um verdadeiro pesadelo. A maldade de Maria não tinha limites.

Um dia, já à boca da noite, quando Domingues havia saído para a usina, Julia estava brincando com uma boneca de pano, dessas que antigamente chamavam de bruxinha, que na verdade para ela era o único brinquedo e mais lindo e perfeito do mundo.

A tia Zenilda fez com muito capricho aquela bonequinha. Fez com os retalhos coloridos que iam sobrando das roupas que ela fazia, cada perna, cada braço de uma cor, a roupa era toda de bolinhas vermelhas e amarelas, os cabelos da boneca eram de morim desfiado tingido de preto, a carinha bordada com ponto-atrás com linhas de crochê. Ela amava muito aquela bonequinha.

Maria chamou-a já com uma vara na mão.

— Venha cá, sua moleca. Já falei que não quero que você fique brincando? Sua vadia, preguiçosa.

Maria sem pena ou dó tomou a boneca e a rasgou, como um leão faminto rasga a sua presa. A menina engoliu o choro alto num soluço. Parecia até uma covardia da mulher, aquela fortaleza toda, oprimindo uma menininha tão magrinha. Segurou os dois bracinhos de Julia e deu-lhe umas cinco varadas nas perninhas zambetas e magricelas. A boneca no chão toda estraçalhada, seu único brinquedo. Maria acabou com os sentimentos de Julia, que agora andava encolhida pelos cantos com os olhos muito fundos de medo e de sono. Seu pai às vezes perguntava:

— Filha, o que você tem?

— Nada, pai. Está tudo bem.

Não tinha coragem de contar que a madrasta a maltratava muito. Sua vida tinha se transformado num verdadeiro inferno. Tinha muito medo, ficava apavorada de pensar que a noite ia chegar e ela teria de vigiar o sono da madrasta. Parecia estar vivendo as histórias que suas tias contavam sobre bruxas e madrastas ruins. Tinha medo, muito medo da noite.

Julia lembrou da história da madrasta que enterrou a menina sob o pé da figueira porque ela não vigiou os figos e os passarinhos os comeram. Julia sabia a história de cor. E por isso fazia tudo que a Maria pedia.

Só não entendia porque ela era tão má. E pensava: *"O que eu fiz, para estar sofrendo tanto?"*

Achava que não era a menina boazinha das histórias, mas também não era maldosa para ser tão castigada. E sentia falta de sua mãe. E chorava, quando podia chorar. *"Não posso contar para meu pai, ele não acreditaria."*

E todas as noites em que o pai saía para trabalhar, era do mesmo jeito. Mordidas, beliscões, queimaduras.

Certa vez a tia Zenilda fez um vestidinho para ela, todo rodado de um estampadinho azul e branco. Todas as roupas de Nilton, Julia e Elvira eram as tias que faziam. Todo retalho que sobrava eram roupas para os três. E quando Julia foi para sua casa para pegar o vestido, a tia pediu para ela experimentar, para ver se ficava bem nela e se não precisava de ajustes.

— Julia, experimente a roupinha que fiz — disse-lhe a Tia Zenilda toda contente porque gostava muito de Julia. Daquela vez não foi de sobras de tecidos. Comprara na loja do cunhado Martinho o tecido de organza para ela e para Elvira.

Relutante, Julia não queria tirar a roupa e retrucava:

— Não, tia, não quero tirar a roupa, não gosto. Coloque por cima deste que vai ficar bom. Não vou tirar nada.

— Deixe de besteira, menina, tire a roupa e vista o vestido que fiz para você.

Julia, retrucou, relutou. Zenilda ficou desconfiada e pensou: *"o que será?"* Notou que ultimamente a menina estava diferente, triste e com olhos fundos. Quando Julia tirou a roupa, a tia soltou um grito de horror e pode ver no corpo de Julia as marcas da violência da maldosa madrasta: mordidas, beliscões, queimaduras, arranhões e marcas de varas. Ela não podia acreditar no que estava vendo e horrorizada perguntou:

— Meu Deus, menina. Quem fez isso com você?

Julia chorando hesitava. Tinha medo da madrasta.

— Não foi nada, tia, eu caí e me arranhei toda num arame. Também me queimei no fogão e na panela quente. Sou muito descuidada e quase não alcanço nas coisas altas daí me machuco, foi isso.

Mas a tia não acreditou em nada que a menina lhe disse e insistiu:

— Julia, Julia, olhe para mim e conte toda a verdade, senão eu mesma vou lá.

— Não foi nada, tia. É coisa à toa.

A tia continuou por um bom tempo pelejando para que Julia contasse tudo. Depois de muito insistir Julia confessou os maus tratos sofridos.

— Foi a Maria, ela me morde, me belisca, me bate. Quando meu pai vai trabalhar. Ela me coloca para trabalhar de manhã até a noite, e depois não me deixa dormir, porque tenho que vigiar o sono dela. Ela tem muito medo.

— Conte, conte tudo, menina, pelo amor de Deus, isto não vai ficar assim. Eu vou lá pegar aquela desgraçada. E seu pai precisa saber disso, você não volta mais para lá, fique aqui com Pedro, que vou acertar as coisas com aquela mulher, vou trazer seu irmão também, e Deus queira que ela não tenha feito nada com o meu bichinho.

Depois que Julia relatou tudo o que a madrasta fazia com ela e o irmão, a tia foi buscar as coisas das duas crianças. A tia contou tudo a ele, que não acreditou muito. E achou a história um pouco absurda, dizendo:

— Julia é muito levada, ela inventa as coisas. Maria é boa para ela e o menino, eles são bem tratados aqui.

— Eles não voltam mais para cá, Seu Domingues. Eu, a Dona Zica e Lala vamos cuidar dos dois. A gente dá um jeito. Por que você não os deixou ficarem com a madrinha?

E ela mesmo juntou tudo, colocou num saco de pano e voltou de charrete para sua casa.

O menino foi para casa da Dona Zica, que o acolheu muito bem, embora soubesse que ia dar muito trabalho, pois ele era muito peralta, embora fosse tão pequenino e magrinho. Seu corpo também tinha as marcas das maldades da madrasta. Elvira segurou em seus bracinhos magros e ele reclamou.

— Aí, foi a Maria que me beliscou e me mordeu. E também fez com o Nilton. Todos os dias ele apanhava.

Todos ficaram horrorizados com tamanha maldade.

Julia foi morar com a tia Lala, que tinha dois filhos, crianças adoráveis, tratavam Julia como se fossem irmãos. Mas passado um mês, mais ou menos, Julia queria mudar para casa de outra tia.

Era difícil para as suas tias cuidarem de Julia. Todos tinham sua família, seus filhos e era difícil cuidar de mais uma criança.

Julia gostava mesmo era de ficar de casa em casa, batendo perna. Certo dia começou a carregar suas coisas para a casa da tia Zenilda. Achava que a tia Lala era muito brava com ela. Passou pela cerquinha, vivia se arranhando toda, e foi morar com a tia, que ainda não tinha nenhum filho.

A tia Lala reclamava com a madrinha de Julia, Dona Zica.

— Julia não para, não dá conta de nada. Não fico mais com ela, é muito fujona.

Numa noite após o jantar, a tia Zenilda, tomando coragem, disse a ela:

— Julia, eu e seu tio vamos para Uberlândia, e não podemos te levar, a vida lá é mais difícil, minha filha, volte para casa de sua madrinha fique lá, vocês vão para escola este ano.

Julia, que agora estava com quase oito anos, ficou muito triste, gostava muito da tia Zenilda. Gostava das roupas que ganhava, das bruxinhas que ela fazia. Ela era a tia mais carinhosa.

— Ah, tia, quero sempre morar com senhora, não vai embora. Gosto muito quando a senhora conta estas histórias engraçadas e bonitas. Consegui aprender muita coisa, como falar mais baixo, guardar segredo e a me cuidar melhor com as roupas que a senhora fez para mim. Quem vai fazer meus vestidos? Vou pedir meu pai para deixar eu ir com a senhora.

Zenilda escondeu a tristeza num suspiro alongado.

— Já falei com Seu Domingues e ele não deixou você ir comigo. Vou fazer vários vestidos para você, tenho muitos retalhos. E depois sua tia Lala também pode fazer.

Após a partida da tia, Julia foi morar na casa de uma amiga de Zenilda, a Alice, uma senhora bondosa que gostava muito dela. Mas Julia demorou pouco por lá, a madrinha pediu que ela voltasse para a pensão. Tinha medo que Julia bandeasse por outros rumos.

No que ela tinha razão quando um dos primeiros caminhões chegou na cidade, ela falou:

— Caminhão, oh, caminhão, me leve para bem longe daqui. Eu não tenho mãe, e meu pai tem uma mulher muito má.

Julia não tinha muito juízo. A madrinha teve que dar uns bons pitos, mas ela não se corrigia, esquecia as broncas. Uma vez, uma vizinha fez uma canja de galinha e chamou-a para levar para a madrinha, ela pegou a vasilha e gritou bem alto:

— Lá vai uma encomenda, o pé é meu, o pé é meu, pé de galinha, madrinha!

Ela gritava bem alto que a vizinhança toda escutava.

— O que é isso, Julia, você não tem modos. Já está bem grandinha para um ato desses — disse sua madrinha, chamando novamente a atenção de Julia.

Julia e Elvira já com idade para estudar foram matriculadas na escola. Uma boa escola católica chamada Santa Terezinha. Escola religiosa em que a madrinha esperava que seus pequenos pudessem aprender a ler, escrever e ter uma boa educação. Dona Zica mandou a melhor costureira fazer o uniforme das meninas, uma saia azul de preguinhas, blusa de cambraia branca de mangas compridas e uma gravatinha preta, os sapatos tipo botinas, meias brancas três quartos. No primeiro dia de aula elas estavam lindas, cabelos bem arrumados com rabo de cavalo e tranças bem brilhosas.

— Minhas filhas, vocês estão lindas, oh meu Deus, tenho muito orgulho das minhas meninas — e beijava uma e beijava a outra.

— Ai, madrinha, pare com isso, a senhora está desarrumando o nosso cabelo — dizia Elvira.

Com o passar do tempo Julia demonstrou que não gostava muito da escola, sempre levava bronca por matar as aulas, inventava que estava com dor de cabeça, com fraqueza. Sentia ainda muitas saudades da mãe que cantava sempre para ela, e a tristeza era a sua companhia. Demorou para aprender a ler corretamente, mas depois que aprendeu achava fácil e gostava, lendo tudo que caía em suas mãos. Sua letra era muito bonita e as professoras falavam:

— Julia, que letra linda. Agora tem que aprender os números.

Dona Zica ficava um tanto absorta fitando a menina e dizia:

— Quanta falta me faz saber ler e escrever, nem posso responder as cartas de minhas amigas de Goiás, tenho que pedir sempre ajuda a alguém.

Mas Julia nada respondia. Adorava bater pernas nas casas de suas tias Lala e Adélia, que tinha uma penca de filhos e Julia gostava de brincar com eles.

O que mais Julia gostava era de ir à casa de seu avô Egídio, onde ficava horas escutando-o contar histórias de garimpos, dinheiro, governos, guerras.

— Vovô, o senhor sabe muita coisa. Onde aprendeu?

O que o avô sabia, ele ouvia no rádio ou quando chegavam os jornais atrasados. Sabia que o mundo estava em uma guerra. E que o presidente do Brasil, Getúlio Vargas, não hesitaria em mandar soldados jovens brasileiros para lutar contra a Alemanha. E neste dia ele ensinou para Julia uma triste melodia:

*Adeus para minha terra, terra que eu tanto amei vou me embora para Alemanha, ai eu não sei, eu não sei se voltarei.*

*A Alemanha está em guerra, em guerra contra o Brasil, vou brigar contra Alemanha, ai vou brigar na defesa do Brasil.*

*Quando o navio apitou no porto da capital, as morenas já diziam 'ai coitadinho que eles vão não voltam mais'.*

*Quando deu o primeiro tiro que me derrubou no chão, alembrei da minha mãe, da minha mãe, mãezinha do coração.*

*As mães choram pelos filhos, as mulheres por seus maridos, as damas por amantes e as mocinhas donzelas por seus queridos.*

E nessa cantoria seu Egídio viajava e Julia quase nada entendia, mas ficava muito triste depois que ele terminava a canção, pois sabia que a guerra era uma coisa ruim e que matava pessoas... Era possível ver uma lágrima a lhe escorrer dos olhos.

Quando chegou na pensão, a madrinha já perguntou.

— Menina, onde esteve?

— Na casa do vovô. Gosto muito de ir lá e conversar com ele.

— Pois então avisa que vai. Fico muito preocupada com você. Seu avô se preocupa muito e diz que você não vai dar conta de seus filhos, do marido, da casa.

E Dona Zica terminava a fala somente em pensamentos: *"É muito levada e distraída, apesar de ser tão boazinha. Tenho medo por ela, coitadinha."*

O tempo foi passando e era a mesma rotina. As crianças na escola. Elvira cada vez melhor, suas notas eram as mais altas. Todos a admiravam.

Julia aprendeu a ler e a escrever, tinha boa letra, mas muitas dificuldades na Matemática, a tabuada não entrava em sua cabeça e Elvira acabou passando ela nos estudos. O Nilton também gostava muito de aprender as coisas, era muito curioso, já calculava tudo de cabeça. Qualquer conta ele é quem dava primeiro a resposta. E nas piadas com as pessoas, era o mais engraçado. Quando foi para a escola, ele já sabia ler e contar muito bem.

# CAPÍTULO 5
## O Casamento

Dona Zica olhava para as suas crianças, elas já não eram mais crianças. Elas cresceram. Elvira e Julia eram moças feitas, cabelos negros, com seus olhos grandes e profundos. Julia com olheiras que nunca desapareciam, e seus dentes não eram bonitos, finos e separados, mesmo assim despertava nos rapazes muitos olhares. Elvira com olhos brilhantes e curiosos. O irmão um rapazinho franzino, muito estudioso. Sabia fazer contas de cabeça, no papel. E Dona Zica andava preocupada. A madrinha deles preocupava-se muito mais com Julia.

— Você tem que arrumar um noivo. Elvira está estudando, vai se formar para professora, o Nilton também, muito estudioso. Você não quis estudar.

— Ah, madrinha, quem vai querer casar comigo? Minhas tias falam que sou cabeça oca. Não sei cuidar de casa. Eu quero me casar, mas acho que ninguém vai querer — respondia ela, levando tudo na brincadeira.

— Toda moça tem de se casar, Julia. Aqui tem muito rapaz solteiro. Muitos moços da Bahia, do Maranhão estão vindo para cá, para os garimpos de diamantes. E sua irmã Elvira logo, logo vai se casar também.

Julia não se preocupava muito, gostava de andar, bater perna, ir à casa das amigas, das primas, conversar qualquer coisa. Ela estava feliz, nunca mais tinha ido à casa da madrasta, seu pai é que vinha visitá-los de vez em quando. Sentia muito falta do pai. Mas era apegada mais ao avô, pai de sua mãe. Amava muito o seu pai, muito embora achava que ele às vezes não demonstrasse, e ficava muito triste quando pensava que seu pai preferia outra mulher em vez deles, por quê?

Julia era como o patinho feio. A mais simples, a mais relaxada. Vivia sempre aprontando. Subia em árvores, caía, machucava, brincava de bola com a gurizada da vizinhança, não tinha modos de mocinha. Não se arrumava.

Já Elvira era tudo de bom. Era o dodói da madrinha. Nunca reprovou na escola. Gostava muito de estudar. Ajudava em casa, tirava a mesa. A madrinha dizia sempre:

— Julia, aprenda. Faça como Elvira.

E a comparação não parava. Julia, no começo, se chateava, mas logo se acostumou. E aceitava a sua condição, achando que a madrinha tinha razão. Elvira era cem por cento. Sabia conversar educadamente, tinha modos de gente fina e gostava muito da irmã, sempre a defendendo na escola. Um dia uma de suas primas deu um empurrão em Julia na hora do recreio. Imediatamente Elvira partiu para cima da prima dando-lhe uma surra. Foram parar na sala da diretora.

— Irmã, vou arrumar seus cabelos, estão muito desgrenhados.

E Julia deixava a irmã pentear. Fazia um rabo de cavalo e ficava parecendo uma artista de revista.

— Está linda, mana, vamos à casa da Lala?

— Podemos ir hoje lá, madrinha? Vamos ver os primos.

— Sim, mas voltem logo, hoje é domingo, tem muita gente na rua.

E iam os três. Nilton ia também, porque adorava bater papo com o tio Martinho.

A tia sempre servia para eles porções de docinhos de jaca nuns potinhos de vidro. Nilton e Elvira comiam bem devagar com a maior educação, mas Julia, se deixasse, ia a compoteira toda. Repetiu o doce umas três vezes.

— Julia, você sempre passa vergonha na gente, você é muito gulosa — dizia Elvira no caminho de casa.

— Mas é que estava tão bom. Não acha, Nilton?

Seu irmão não era muito doceiro. Ele era muito quietinho. Aprontava tudo escondido.

Chegaram em casa e foram ajudar a madrinha, porque no outro dia haveria de chegar muitos hóspedes. Trocaram os lençóis, arrumaram as camas. Colocaram toalhas limpas nas mesas das refeições. Arearam todos os alumínios da prateleira. A pensão parecia uma casa de princesa de tão arrumadinha. Dona Zica tinha muito orgulho e gostava de tudo brilhando.

— Deixem os copos brilhando.

E as moças reclamavam:

— Madrinha, chega. Estamos muito cansadas.

Ela dava uma boa olhadela em tudo, e falava:

— Está bem, mas poderia ficar melhor. Vão descansar.

Nilton escapulia dos afazeres da pensão e ficava pela praça que era bem ali perto. Os rapazes da cidade vinham chegando, gostavam de ficar conversando com os moços de sua idade. Sempre chegava atrasado para a janta. A madrinha lhe dava bronca.

— Onde estava, menino?

— Por aí — dizia ele.

— Por aí não é reposta. Quero saber onde andava e com quem, estava fazendo artes, não é? Fale de uma vez senão vou lhe dar um castigo.

— Estava na pracinha conversando, madrinha.

— Conversando o que, do que vocês falavam? De namoradas? Você tem que estudar muito para ser alguém, meu filho. Vai fazer concurso. Vai ser gente da alta.

— E o que eu sou madrinha, sou ninguém? — brincava Nilton.

— Você tem umas ideias estranhas nesta cabecinha. E o governo pode não gostar do que vocês andam conversando por aí. Não vai querer se juntar com outros desmiolados para fazer revolução. Pense bem.

Um dia chegou à pensão um rapaz, branco, alto, de uns vinte e oito anos, garimpeiro. Seu nome era Francisco, e seu apelido era Chiquinho. Estava muito adoentado e foi para cidade se tratar. Um companheiro do garimpo falou com Dona Zica que o moço estava muito doente, pagariam adiantado uns dois meses se ela concordasse de cuidar dele.

— O senhor está tísico, amarelo. O que você tem? — perguntou Dona Zica.

Chamaram um médico, o único da cidade. Este perguntou o que o rapaz estava sentindo.

— Doutor, minha cabeça dói. Estou fraco e com muito frio. Estou cansado e há três dias que estou acamado, não como e nem fui garimpar com os companheiros.

O médico olhou para Dona Zica e falou:

— Este moço está com malária. Está com muita febre.

O doutor abriu sua maleta e tirou uns vidrinhos de remédio.

— A senhora dá este remedinho três vezes por dia. Ele tem que tomar muita água e chás. Uma comida leve. Garanto que sua recuperação será logo, ele é forte. Este é mais um que pega esta doença nos garimpos.

E Dona Zica quis saber mais sobre a malária.

— Como é isto, doutor, como se pega? É perigoso? Tenho meus afilhados e meus hóspedes.

— A malária não é contagiosa. É transmitida por um mosquito. É só cuidar, limpeza é tudo e sua casa é bem limpinha.

E ela insistia:

— Ele pode morrer, doutor?

E o médico muito paciente, com informações que teve por meio das notícias do rádio e da revista seleções, explicou:

— O paciente com malária pode também entrar em coma, ficar com anemia e, caso a doença não seja tratada, pode vir a morrer. O tratamento é este que passei para a senhora. Ele vai melhorando cada dia mais. Não precisa internar se seguir estas orientações.

E o doutor continuou com as explicações:

— Ele vai ficar bom logo, Dona Zica. O Brasil está cheio de caso de malária, principalmente nas áreas de mata fechada e garimpos, como toda esta nossa região.

— O que causa essa peste, doutor? Quis saber um hóspede.

— A malária é causada por protozoários e transmitida pela picada de um mosquito, popularmente conhecido como mosquito-prego. Esse inseto costuma picar de manhã e ao entardecer. Felizmente, a infecção tem cura.

E como o médico dissera, o moço melhorou dentro de um mês, estava curado e pronto para voltar para o garimpo.

— Como está se sentindo, hoje, moço?

— Estou bem melhor, Dona Zica.

Dona Zica notava que o moço sempre ficava olhando para Julia, que também correspondia. Ele já estava bem melhor. O médico veio umas duas vezes ver o hóspede com malária.

Um dia o moço chegou à madrinha e falou:

— Gosto de Julia e quero pedir para namorar, noivar e depois se casar.

— Minha afilhada é moça direita, o senhor tem boas intenções? Não acha que está meio apressadinho?

O rapaz disse que sim.

— Quero constituir uma família. Meu negócio é sério.

— Está bem — disse a madrinha. — Vocês podem namorar, noivar, mas tudo aqui em casa debaixo de minhas vistas.

E os dois começaram a namorar. Julia gostava quando ele chegava todo perfumado e se sentava no banco da sala, com a madrinha ao lado observando tudo. Às vezes era o irmão que ficava de olho, mas sempre reclamava.

— Madrinha, não acha que eu não fico bem servindo de vela para os dois?

Então sobrava para a madrinha, porque a Elvira nunca quis saber de ficar vigiando o casal de namorados.

Conversavam pouco, mas para Julia era suficiente saber que tinha um moço apaixonado por ela. Achava ruim quando tinha que ir cada um para seu canto, pois quando a madrinha começava a falar:

— Estou com muito sono, amanhã é outro dia. Tenho que pegar cedo na lida. Amanhã chega mais garimpeiros. Então é mais trabalho para nós, não é, Julia?

Julia concordava. Eles sabiam que cada um tinha que tomar seu rumo. E assim se passaram seis meses. O moço ia e voltava fins de semana do garimpo. Ia à pensão conversar com Julia. Ficava por ali todo arrumado. A conversa era pouca e não era muito animada.

Num belo dia de sábado, ele trouxe um par de alianças de ouro muito bonito. Julia ficou toda feliz com o noivado, sentindo-se a pessoa mais importante do mundo. A madrinha começou a preparar o enxoval de Julia. Mas sua irmã Elvira, com um pé atrás, tentava convencer a irmã a pensar melhor.

— Cuidado, Julia, garimpeiro não presta, gastam tudo o que ganham nos bordéis. Garimpeiro não para num lugar.

— Você não sabe disso.

— Sei sim. Sempre em busca de aventuras, de diamantes.

— Tem garimpeiro bom, honesto.

— A vida no garimpo é cruel. Garimpeiro passa necessidade. O que ganha é muito pouco.

— Você não sabe se as histórias que contam são de verdades ou não.

— Você é muito sem juízo, o primeiro que pede namoro você aceita. Esse rapaz é chegado a uma bebida, eu já reparei. Vou conversar com o vovô e com o nosso pai.

— Elvira, deixe de ser besta, eu gosto dele, e com o tempo ele vai parar de beber.

Seu Egídio ficou sabendo do noivado de sua neta e tomou todas as informações sobre o moço e descobriu que ele era um pinguço, um garimpeiro que fazia tudo que ganhava nos garimpos virar cachaça.

Foi conversar com Julia:

— Minha menina, pense bem. Não precisa se apressar para se casar. Ele não é para você. Logo some neste mundo. Garimpeiro é assim. E esse bebe muito.

Ao expor tudo o que descobriu do moço, o avô viu a tristeza de Julia. Mas ela concordou.

Quando o rapaz percebeu que Julia sabia que ele era chegado na cachaça e que as conversas entre eles diminuíram, da noite para o dia tomou um sumiço, deixando um bilhete para Julia dizendo adeus.

Julia ficou desolada e só pensava: *"garimpeiro não presta, eles só sabem é querer farrear!"*

Depois desse episódio, por um tempo Julia ficou mais quieta, calada nos cantos e nada dizia. Seu coração parecia vazio diante de tanta tristeza. Procurava alguma coisa, nem ela mesma sabia o que, e em todo lugar, mas sua busca era em vão.

Diante da desilusão com o moço garimpeiro, Julia se entregava de corpo e alma aos serviços da pensão com a Madrinha, vendava os olhos para não sofrer. Até então não conhecia o amor, porque ela achava que o amor era outra coisa. Quem ama não deixa. O pai deles quase nunca vinha vê-los. Às vezes se encontravam na rua, quando vinha receber o pagamento na prefeitura.

— É verdade que você vai se casar, Julia?

E ela respondia meio triste:

— Que nada, meu pai. O rapaz era um bêbado e não deu certo.

Seu pai parecendo aliviado, falou:

— Foi melhor assim. Esses garimpeiros gostam muito de uma cachaça.

E a vida na pensão transcorria calmamente e no mesmo ritmo.

Julia esqueceu o rapaz bem rapidinho. Foi quando o tempo deu para ela a resposta que tanto esperava, conheceu outro moço e pensava que era amor logo nos primeiros olhares.

— Julia, estou gostando de você e quero se casar logo.

— Você pode falar com minha madrinha, se ela permitir, eu também aceito.

O rapaz deixou tudo combinado. E Julia mais uma vez sonhadora começou a se arrumar para o casamento. O rapaz teve que fazer uma longa viagem e demorou muito para voltar.

Enquanto Julia se encantava com os garimpeiros, Elvira e Nilton só estudavam.

O moço que Julia estava gostando ia para os garimpos, mas logo estava de volta. Mas com o passar do tempo, parou de falar em casamento, demorava para vir à pensão. Julia percebeu, ficou triste e perdeu as esperanças no novo candidato. Dona Zica falava:

— Tome cuidado, Julia, este moço não quer nada, fica só enrolando você. Parou de falar em se arrumar para o casamento. Vou ter uma conversa séria com ele.

— Não, madrinha. Ele vai falar, quando ele chegar. Vamos esperar.

E Julia esperava. Sentava-se no banco da porta com ele, às tardes, mas ele se esquivava. De pouca conversa, o casal ficava por ali, ele não dava sinal de falar em casamento. Os dias foram passando e Julia começou achar aquele namoro sem graça. O pior de tudo é que o rapaz sempre viajava muito. E Elvira falava:

— Desta vez ele não volta. Você vai ver.

E Julia esperava.

Um certo dia chegou, na hora do almoço na pensão de Dona Zica, um rapaz moreno, baixo e muito educado. Acertou uma estadia de um mês pagando tudo adiantado e foi ficando por lá. Dona Zica logo quis saber:

— Seu Nelson, o senhor é casado? Onde está sua família? Esposa e filhos?

— Sou solteiro, Dona Zica, sozinho, vim do Pará, nasci em Belém e vim com meus pais para Conceição do Araguaia, trabalhando aqui e acolá, neste mundo de meu Deus. Ainda não tive tempo de parar e pensar em casório — e contou para Dona Zica como veio para aquela região.

Aos trinta e dois anos, Nelson chegou em Guiratinga, o tão sonhado Lajeado, a terra dos diamantes. Chegou numa época em que os diamantes já estavam mais escassos. Mesmo assim, não perdia a esperança de um dia fazer fortuna, acertando num diamante dos grandes, porque até aquele momento conseguiu apenas faiscar alguns xibiuzinhos, que mal davam para suas despesas. Resolveu ficar uns dias na cidade para vender os xibius que tinha, e foi justamente para a pensão de Dona Zica.

Nelson era um trabalhador alegre, gostava de conversar muito. Fez amizade rápido com os hóspedes de Dona Zica. Suas histórias eram as que seu pai ou os amigos de seu pai lhe contavam.

Depois do almoço, em dias em que não estava garimpando, Nelson ficava por lá, sentado num banco da sala, fumando um cigarrinho de palha. Num destes momentos, as meninas, Elvira e Julia, chegaram da casa da tia Lala, alvoroçadas com os vestidos novos de chita amarela que a tia fez para elas. Elvira com dezenove anos e Julia com vinte e um anos de idade. Tagarelas e alegres.

Nelson, encantado, olhava para as duas moças um tanto assustado com a beleza delas. Elvira mais baixa, cabelos castanhos, magra, olhos amendoados e a outra, Julia, mais alta, cabelos longos, olhos pretos e grandes e um pouco assustados. Elas o cumprimentaram secamente:

— Bom dia, moço.

Julia veio logo atrás de Elvira, curiosa para ver quem era aquele rapaz. Seus olhos grandes arregalados encontraram os de Nelson e algo inexplicável aconteceu entre os dois.

Nelson sentiu o chão fugir, as mãos transpirarem. As mulheres que ele teve na vida não foram grandes coisas. Mulheres da vida, mulheres sem destino, feias, velhas, banguelas. Mas aquela era diferente. Queria uma esposa, para ser mãe de seus filhos.

— Nem pensar, não quero me casar com garimpeiro, pobre sem eira nem beira, disse Elvira, quando a madrinha perguntou para elas o que achavam de Nelson, já que Julia pensava estar comprometida com o moço Lourival.

Elvira terminara o curso normal na escola Santa Terezinha. Todos a admiravam, muito prendada e educada. Elvira queria conhecer rapazes cultos, de outros lugares, para ela Guiratinga só tinha garimpeiros e roceiro cafuçu e ela não queria seguir o caminho das mulheres dali. Mulheres que se casavam e iam para a roça e se enchiam de filhos. Logo, logo já estavam com aparência de velhas e cansadas. Ela desejava para si uma vida diferente, queria dar aulas, ensinar crianças, viajar. Morar em outro lugar. Aquele jeito de viver não era para ela.

— Um dia vamos embora daqui, filha. Você vai conhecer alguém de São Paulo e vai se casar e iremos morar na capital — dizia a madrinha, sempre acalentando o sonho de Elvira.

— Vamos sim, madrinha.

E assim foi passando o tempo. Nelson de olho em Julia, que agora parava, suspirava e correspondia.

Todos os dias que ele estava na pensão, Julia corria a varrer a frente da casa. A madrinha curiosa, falou:

— Elvira, por que Julia quer varrer todos os dias o chão da entrada? Vou ficar de olho.

Dona Zica parou para prestar atenção em Julia, que não perdia tempo em pegar uma vassoura e ir para o pátio da frente da casa. Era para ficar de prosa com Nelson nos banquinhos da entrada.

Nelson pensava na vida, agora se fosse casar teria que trabalhar mais, plantar uma rocinha, arranjar uma vaquinha de leite.

Tinha sido convidado pelo seu Ibraim Alves, um dos pioneiros de Guiratinga, para ir trabalhar em sua lavoura tipo meeiro, onde podia plantar tudo o que quisesse e na colheita repartir com o dono das terras. Apesar de gostar muito de garimpar, Nelson aceitou o convite de seu Ibraim, mas pediu que esperasse alguns meses, pois ele tinha algumas coisinhas para fazer na cidade. Queria muito se casar com Julia, sentia que ela nasceu para ele.

Um dia Nelson passava uma gravata com ferro frio, e Julia acudiu para ajudar:

— Nunca vi passar roupa com ferro frio, Nelson, deixa que arrumo para você.

Colocou bastante brasa no ferro e assoprava com força, deixando o cabelo cobrir-lhe o rosto. Nelson, encantado, não reparou quando a madrinha chegou de supetão.

— Percebo que algo está acontecendo aqui.

E foi se aproximando dos dois:

— Julia, já falei para não ficar sozinha com rapazes.

— Não é nada, madrinha, deixe de besteira, estou ajudando Nelson passar a gravata.

— Dona Zica, gosto muito de Julia e peço ela em namoro. Tenho intenções sérias, quero construir uma família.

Nelson falou, falou, meio sem jeito, muito tímido e com medo da resposta da madrinha. Mas aproveitando aquela oportunidade que talvez fosse a única, continuou.

— Se a senhora der permissão, começamos a namorar hoje, noivamos e logo nos casamos.

— Olha, Nelson. Julia tem um namorado que ainda não falou em casamento, peço que espere mais um pouco. Não gosto desses namoros de enrolação.

Não demorou muito e apareceu o moço sumido, todo sem graça já sabendo que Nelson gostava de Julia.

— É verdade, você sumiu e acho que não quer mesmo se casar — Julia explicou para o rapaz.

— Então, Julia, eu estou indo embora, fique com esse cafuçu, pobre e feio.

Julia se sentiu aliviada com a partida do homem, porque já estava interessada no pedido de Nelson. E foi conversar sobre ele com a madrinha.

— Madrinha, estou gostando de Nelson.

— Eu percebi desde o começo o seu interesse por Nelson. Vamos resolver logo isso, vou conversar com ele e ver se sai logo este casamento. Não gosto de namoro comprido e você já tem idade para se casar. Elvira não quer se casar por agora e nem com garimpeiro.

— É mesmo? Então sobra para mim e eu sou a mais velha.

— Se Nelson gosta de você e você dele, tem a minha permissão. Mas peço que vocês esperem até eu comunicar ao seu pai e seu avô, porque, mesmo eu sendo responsável por você, devo satisfações a eles.

— Eu aceito, sim, madrinha, acho Nelson um bom moço e gosto muito dele. E sei que o meu pai e o vovô vão concordar. Claro que vão.

Dona Zica ficou muito animada, pois achava pesado cuidar de um rapaz e duas moças em idade de se casar. A que dava maior preocupação era Julia, que pensava que não tinha nenhum futuro como dona de casa, de tão displicente e distraída que era. E a vagareza dela não tinha comparação:

— Julia, é assim: quando tira um pé do chão o bicho já comeu o outro. Julia, anda logo, é para hoje, criatura, parece uma tartaruga — era o que os mais chegados estavam sempre dizendo. E Julia sem pressa. Se ela fosse à casa de algum parente ou amigo, esquecia a hora de voltar para casa.

A madrinha tratou logo de comunicar ao pai de Julia, às suas tias e aos tios e também ao avô sobre as intenções de Nelson. Todos concordaram e já estavam alvoroçados pelo dia do casamento. O avô, pai de sua mãe, mostrou-se um pouco preocupado.

— Dona Zica, Julia é desmiolada, será que vai conseguir cuidar da casa, marido e filhos? Onde eles vão morar?

— Deixa estar, Deus dá o frio conforme o cobertor — ela respondia, tentando desanuviar as preocupações do avô.

O namoro e o noivado aconteceram no prazo de um ano. Nelson mandou fazer um bonito par de alianças de ouro puro. E para Julia que não tinha sequer um anel foi a coisa mais deslumbrante do mundo. As tias Zenilda e Lala fizeram três vestidos e duas camisolas para ela. Ganhou da amiga de Elvira saias, blusas e um casaco preto de frio, tudo usado.

Começaram os preparativos. Nelson foi quem mandou fazer o vestido de noiva na cidade de Alto Garças. Um tecido rendado entrelaçado de veludo, bem branco. Tia Lala comprou véu e a grinalda.

Tia Zenilda preparou sapatos, luvas e meias. Todos foram arrumando roupas para o casório de Julia, que estava muito feliz.

Julia amava Nelson e sentia que era amada. Não importava com a pobreza, se ele era garimpeiro ou roceiro. Gostava dele e queria se casar. Lembrou dos dois namorados antes de Nelson, dois garimpeiros que gostavam de uma pinga e bordel, e não foram lá essas coisas.

Ela nem parecia acreditar, já estava quase tudo pronto para ficar junto ao seu amado para sempre. Começou a ganhar alguns presentes, panelas, pratos de esmaltes, talheres, facas, bacias e algumas roupas de cama.

Nelson tinha um pouco de dinheiro de uns xibiuzinhos que ele havia guardado. Alugou dois cômodos perto da casa da tia Lala. Um lugarzinho muito simples, um quarto e uma sala com tijolinhos no piso, uma janela de madeira e uma porta de entrada.

O banheiro ficava no fundo do quintal e tinham que passar pelo corredor da casinha. Colocou uma cama de madeira com um colchão de palha.

Julia foi arrumar a casa, porque tinha pressa de ver tudo bonito, tudo seu. Colocou na cama um lençol azul, um cobertor xadrez; em frente à cama, cuja cabeceira era trabalhada com pauzinhos roliços, uma cadeira.

Ganhou da madrinha uma prateleira, onde arrumou as três latas para mantimentos, na parte de cima, no meio, uma jarra para água, um bule e um coador para café. Na última parte, arrumou os pratos, copos, garfos e colheres, e duas antigas panelas da pensão de Dona Zica.

No corredor ainda coube uns banquinhos, uma talha de água e um copo de alumínio. A tampa da talha era um prato de esmalte branco, com um paninho bordado em cima.

Na mesa da cozinha, que também era a sala, uma toalha verde, outra azul bem pequena. Na parede alguns quadros e um relógio.

E depois que arrumou tudo, Julia deu uma boa conferida, mas como era desligada não ligou muito para aquela arrumação e disse muito alegre para a irmã.

— Venha ver minha casinha, Elvira, ela é só minha. Estou muito feliz, nunca tive nada nesta vida.

Elvira estava muito preocupada e dizia:

— Julia, tem certeza que você quer mesmo esta vida? Nelson vai levar você para morar no mato, se encher de filhos. Pode ficar doente. Não vai aproveitar nada da vida.

— Ah, Elvira, não me importo com nada disso. Eu quero é me casar.

No dia marcado para o casamento, o pai de Julia veio vê-la. A madrasta não veio com medo das tias, e, se viesse, certamente elas as expulsariam, porque nunca gostaram dela. Não tinham uma convivência pacífica depois dos maus-tratos contra Julia e Nilton.

Seu Domingues chegou e encontrou sua filha vestida de noiva, vestida de branco, e achou-a muito bonita com seus olhos de pai.

Ele nunca tinha falado para os filhos palavras bonitas, mas aquele dia era diferente, aquele dia era especial. Olhou para a menina e disse:

— Minha filha, você hoje está mais bela e radiante que os primeiros raios de sol que vejo todos os dias, quando termina o plantão do meu trabalho. E os seus cabelos estão mais negros que as noites sem luar. É a noiva mais linda que eu já vi.

Julia ficou sem ação com os elogios do pai. E ele continuou.

— Você é a noiva mais bonita do Lajeado. Desejo que vocês sejam felizes — completou olhando para o noivo. E não disse mais nada. Ele era muito calado.

A igreja foi arrumada por Elvira, Nilton e Carlota, amiga da família. Colocaram uma mesinha com uma toalha branca bordada e nela dois vasos com rosas brancas e jasmins.

O altar foi por conta do pessoal da igreja, uma toalha branca, dois castiçais dourados com velas. Ficou lindo. Elvira contemplava tudo com o maior gosto. Logo depois estavam de volta para a pensão, para se arrumarem e cuidar da noiva também. Teriam que correr, pois as horas não esperavam.

O noivo ficou pronto duas horas mais cedo.

— Tá com pressa, Nelson. A noiva não vai fugir — falou o cunhado Nilton, dando gargalhadas de deboche.

— Eu não gosto de atrasar em nada. Sou muito pontual.

Nelson caprichou, um terno preto por cima de uma camisa azul clarinha, botinas e gravata, tudo novo e combinando. O cabelo, embora um pouco carapinhado, estava bem brilhoso e penteado com a brilhantina.

Quando todos ficaram prontos, seguiram a pé para igreja São João Batista, onde seria realizado também o casamento civil. Dona Zica olhou tudo, e viu muito satisfeita que estava do jeito que ela sonhara. Na pensão ficariam Dona Guilhermina e seu esposo para os últimos retoques e acertos nos comes e bebes. Estava tudo muito bem arrumado.

Ao chegarem à igreja, Nelson tratou de entrar, quase correndo, apressado como era para esperar por sua amada. Os convidados, pouco a pouco iam chegando um a um, e em silêncio foram se acomodando.

E na hora marcada, sem nenhum atraso, a noiva entrou com seu pai, de braços dados a sorrir num jeito meio tímida, em direção ao altar, acompanhada por uma música cantada por uma senhora da igreja. Tudo estava perfeito, a música, as flores e os convidados atentos.

Elvira observava tudo e teve vontade de chorar, vendo a irmã tão linda. Seus olhos foram se enchendo de lágrimas e ela disfarçadamente os enxugou com os dedos.

A cerimônia foi rápida. Depois de um breve sermão, o padre diz a célebre frase:

— Eu vos declaro marido e mulher.

A madrinha chorou o tempo todo, via-a com os lábios tremendo, as lágrimas rolando e um suspiro alongado. Quando a cerimônia terminou, começaram os abraços.

— Muitas felicidades.

—Deus os abençoe.

— Cuide muito bem dela, Nelson. E coisa e tal — diziam os cumprimentos.

Voltaram todos para a pensão, onde, esperando por eles, tinha um delicioso jantar.

Dona Zica preparou uma latada no fundo da casa, jogaram água no chão por causa do pó, varreram. Colocaram bancos e cadeiras. No centro uma mesa grande de madeira, onde havia uma panela de arroz com galinha caipira, outra de feijão com toucinho, uma travessa com farofa de bananas.

De um lado, perto dos bancos, outra mesa menor com doces de amendoim, de leite e de várias frutas, tudo muito simples, mas bem arrumado. Para beber havia refresco de maracujá, abacaxi, licor de pequi e ponche de vinho.

Os noivos ficaram em outra mesa recebendo os cumprimentos. Era costume da época ter um animado baile, mas o sanfoneiro não foi. Então a janta foi servida. Comeram, beberam, conversaram animadamente sobre vários assuntos, diamantes, lavoura e outros. Nelson como sempre não deixou de contar suas histórias, mas desta vez ele não prolongou muito e começou a contar um causo de diamante.

Todos riram muito da história que Nelson contou, ele sempre, desde criança, gostava de contar seus causos e todos admiravam. Apesar de não ter frequentado escola, ele entendia de vários assuntos e até de política. Sabia fazer contas, ler e escrever, muito bem.

As horas foram passando, e num dado momento das prosas, Nelson deu para abrir a boca de sono e Julia nem desconfiava. Ela estava muito feliz, apesar da sua simplicidade, Julia brilhava, sorria e conversava com todos.

Precisou a madrinha mandar que eles fossem para sua casa. E às dez horas da noite o casal desceu a rua e foram para a sua casinha.

Muitos convidados aproveitando a deixa começaram a ir embora também. Não restando mais ninguém para sossego de todos, Dona Zica respirou aliviada:

— Estou quebrada, não consigo fazer mais nada. Vocês cuidem de tudo.

Elvira, Nilton e mais algumas amigas, começaram a arrumação, colocando tudo de volta no lugar, lavando as panelas, pratos, tudo o que foi usado.

— Até que a festa foi bonita — disse Nilton.

— Foi mesmo, e você quando pensa em se casar, Nilton? — perguntou Elvira.

— Eu? Nunca, não quero me amarrar. É muito bom ficar solteiro, sem ninguém para pear as pernas. Acho que a próxima será você maninha.

— Nem pensar. Já falei que não caso com rapazes daqui, só tem garimpeiros.

— Ah, então você tem que arranjar um por correspondência. Você que lê tantas revistas, não achou nenhum? — perguntou Nilton.

Elvira não respondeu, mas ficou muito pensativa. Foi dormir e sonhou com um belo rapaz de fora que aparecia e a levava para longe.

# CAPÍTULO 6
# Barreirinho

Um ano depois de casada, Julia deu à luz a uma menina. Mirrada, pequena e quietinha. Deu o nome de Alenir Terezinha. Foi Elvira que deu este nome para ela, por causa de uma amiga com este nome e porque era devota de uma santinha chamada Terezinha. Ela gostava de ir à casa de Julia para pegar a menina, mas os primeiros banhos foram a parteira Dona Guilhermina e a madrinha que davam.

Um dia uma, outro dia a outra, até Julia ficar mais forte e cuidar da menina. Depois da cura e queda do umbigo, ela logo aprendeu a dar o banho. Sempre na parte da manhã, com água morna em uma bacia com sabonete. A madrinha nos primeiros dias a ensinou.

— Julia, primeiro lave o corpinho, não esquecendo as dobrinhas, pescoço e dedinhos. Por último lave a cabeça, lembrando de secar bem, para a criança não ficar doente ou pegar um resfriado. Julia não encontrou dificuldades para dar banho na sua filha e gostava de fazer isso. Para ela era muito bom, ficava sempre sozinha e a menina era uma diversão para ela.

Quando a madrinha foi visitá-las, Julia deu a notícia que ninguém queria saber ou não queriam acreditar.

— Madrinha, nós vamos para roça. Nelson pegou umas terras para tocar de a meia com um senhor muito bondoso. Ele vai fazer uma casinha para gente morar.

Dona Zica já temia que Nelson ia embora com a sua menina.

— Eu sabia, filha, que seu marido não ia ficar na cidade. Ele gosta do campo. Eu vou ficar preocupada com vocês no meio do mato.

Sua preocupação estava estampada no rosto e ela ficou tão triste. Eles iam para o mato. Trabalhar em roça. E a madrinha não se conformava com esta notícia.

— Oh, minha filha, mas a bebê ainda está tão pequena.

— Verdade, madrinha, vamos esperar ainda uns três meses, não dá para Nelson ficar parado aqui na cidade e nem ir atrás de diamantes, e eu aqui sozinha com a menina, sem ele.

— Está certo, Julia, a mulher casada tem de acompanhar o marido. Vai dar tudo certo e quando puder vou lá visitar vocês.

No dia da partida, Julia se despediu da madrinha e dos irmãos, que ficaram muito tristes, mas já sabiam que ela ia embora para a roça.

— Casou-se com roceiro, não falei? Agora vai. Como vai ser a vida dela? — reclamou Elvira muito preocupada com a irmã.

O casal se mudou para roça que o senhor Ibraim deu para Nelson trabalhar de a meia. Um lugar bem pertinho do riacho chamado de Barreirinho, a umas dez léguas de Guiratinga. Julia não gostou muito da ideia de ter que morar na roça, mas concordou com o marido, quando este lhe pediu.

— Julia, arrume tudo, amanhã cedo vamos de jipe para a roça.

E Julia esposa obediente e amorosa, mesmo com muito receio de ir para o mato, arrumou tudo, suas coisas, as da menina e as do marido. Não tinham muito mesmo o que levar, algumas mudas de roupas, cobertas e tralhas de cozinha. Julia estava acostumada a uma vida muito simples. Era muito feliz com sua filhinha. Por um mês e pouco, Nelson ficou por lá, para fazer o barroco.

Nelson ajudou os peões a fazer uma casa que não era muito grande, mas cabia os três. Uma casa de pau-a-pique, também conhecida como taipa de mão, ou tapera.

As madeiras das paredes eram entrelaçadas na vertical e fixadas no solo com vigas horizontais, geralmente de bambu, amarradas entre si por cipós, dando origem a um grande painel perfurado; os vãos eram preenchidos com barro. Ao barro era adicionado a água e depois, amassados com os pés, misturados com capim ou palha, para que criassem uma liga e não desmanchasse.

Todo o material utilizado na construção da casa foi retirado dali mesmo. As palhas de coco babaçu para a cobertura e o barro para o preenchimento das paredes, da beira do córrego. O piso de terra batida, por isso sempre muito fresquinha. Nelson caprichou em tudo. Dois quartos, uma sala. Na sala dois bancos e uma talha de barro para conservar a água fresquinha.

Nos quartos, camas de paus de bambu, cobertas com colchões de capim e travesseiro de paina. A paina foi Julia quem recolheu. A paina, na época de sua produção, os bagos entreabertos da paina eram recolhidos. Os pés eram altos. Esperava-se que caíssem ao chão. Essa fibra natural semelhante ao algodão, oriundo dos frutos da paineira, era usada por muitos para encher os colchões e travesseiros. Todo o ano, trocava o enchimento, para evitar o mau cheiro e o mofo.

Sobre a cozinha Julia falou:

— Nelson, capriche na cozinha. Faça grande. E não se esqueça do fogão.

— Certo, Julia.

A cozinha era a peça maior, com a porta virada para a ladeira do córrego. Um grande pé de cajá-manga oferecia uma agradável sombra durante todo o dia, não importando a posição do sol. Seus galhos pareciam querer abraçar a pequena cobertura da cozinha e em noites de ventania e chuva faziam um barulho esquisito, que Julia não gostava muito e dizia que era o *rasga mortalha*. Havia uma pequena área coberta, onde se guardavam lenhas, cabaças, ferramentas e uma trempe de bambu, para lavar as vasilhas.

Nelson sempre fazia o que Julia pedia, era um bom marido, sossegado e muito calmo. Ele fez um fogão a lenha grande com uma chapa de ferro de seis bocas que nem precisava, porque a comida era pouca. Todas às vezes que encardia pela ação da fumaça e do carvão, Julia pegava areia do riacho, fazia uma espécie de lama e passava no fogão, que ficava lindo, bem branquinho.

Na frente da casa, virada para o lado norte, havia um lindo pomar, com um abacateiro enorme, três mangueiras, dois pés de laranja, um de goiaba e do lado do fundo beirando o riacho um frondoso pé de cajá--manga, com quase quinze metros de altura, e na época que o casal foi morar ali, estava carregado de frutos.

A vegetação predominante naquela parte era exclusiva de gramíneas nativas, dando uma bonita aparência na frente da casa. Mas perto da porta tinha uma formação dura de uma terra branca bem batida.

— Gostei muito daqui, Nelson. Este lugar é lindo — disse Julia quando chegou.

E com a menina escanchada na cintura, olhava tudo com alegria e curiosidade. Depois de observar minuciosamente o lugar, arrumou o pouco que tinham levado e ficou muito contente, apesar de muito cansada.

Bem mais à frente do pomar, havia um enorme pé de chicha. Uma fruta nativa.

— Nelson, que fruta é esta? — Julia quis saber.

— É chamada por muitos de amêndoa do cerrado ou castanha de macaco.

— A gente pode comer elas, Nelson?

— Sim, é muito boa para comer. É uma planta que produz frutos avermelhados e quando estão maduros são semelhantes a um trevo com cápsulas, contendo sementes, amêndoas saborosas, consumida crua ou torrada; os indígenas que passam por aqui, catam tudo.

Nelson plantou abacaxi na frente da casa e cana-de-açúcar para fazer melado e rapadura. O cultivo do arroz, feijão, mandioca, abóbora, melancia ficava a uma determinada distância do lugar onde moravam, do outro lado do córrego. Ele aprendeu com os bororos e com o seu pai a técnica da coivara, iniciando-se a plantação pela derrubada da mata nativa, seguida pela queima da vegetação, que acabava com possíveis insetos e limpava o terreno das ervas daninhas. E Julia ficava fascinada com as explicações que o marido dava.

Ele dizia que antigamente a roça era familiar. Os homens cortavam as árvores e as mulheres juntavam os galhos. Depois eles queimavam juntos e observam tudo com cuidado. Queimavam quando o sol e o vento estavam fracos para não pegar fogo nas árvores vivas. A roça não era feita muito perto da beira do rio para não secar a água dele. Eles plantavam milho, feijão, mandioca, abóbora, cará, etc. E Nelson continuava a explicação.

A colheita do alimento da roça era feita na época certa; o tempo seco. A família toda ia para a roça colher o que tinham plantado, dia a dia trabalhavam juntos até recolher tudo. E Nelson sabia de tempos idos e fazia conforme seu pai lhe ensinara.

O terreno perto de onde Nelson ia tocar a rocinha era pobre e muito ácido, caracterizado por cerrado com árvores de médio porte, retorcidas, de folhas ásperas e casca grossa e rugosa, entremeados de vegetação baixa como grama e arbustos. Era difícil limpar e lidar com aquela terra, porque as ervas que ele tirava e queimava resistiam bem ao fogo, de forma que as sementes estariam prontas para germinar após a queimada, aproveitando o terreno limpo para seu desenvolvimento.

Então Nelson tinha que carpir usando uma enxada para que pudesse retirar o que escapava do fogo e aproveitar bem o terreno. Ele teve que desmatar uma pequena área ali próxima para cultivar o seu arroz e feijão, milho e mandioca.

Na época de chuvas, ou um pouquinho antes, as folhas novas tinham uma suave tonalidade de flor, destacando-se na paisagem, a cor esverdeada e flores perfumadas. E Julia falava:

— O mato aqui é cheiroso. Sente, Nelson. Quando o vento sopra vem um cheirinho tão bom, de flores misturados com folhas.

E o marido respondia:

— Estou sentindo cheiro de barriga com fome.

Ele sempre estava com fome. A comida era fraca, e muitas vezes não tinham a carne. Na alimentação predominava o arroz, feijão, farinha e mandioca.

O córrego que corria no fundo da casa era chamado de Barreirinho. Um riacho pequeno que corria sozinho seguindo seu caminho sem precisar de nenhum afluente naquela parte. Deslizava de mansinho nas baixadas e se apressava nos lugares em que o terreno apresentava um pouco de declive, apresentando pequenas cachoeiras e de vez em quando uma parte bem rasinha, calma e arenosa. Era a parte que passava no fundo da taperinha que Nelson construiu, onde tomavam banho, lavavam as roupas e pegavam a água para beber e servir na casa.

Quando Nelson tinha um tempinho, saía a caminhar observando a vegetação, atrás de alguma fruta, de algum animal distraído que pudesse apanhar. Nelson conhecia aquele lugar e cada tipo de vegetação, frutas e animais. E sabia que a frutificação da mangaba ocorria em qualquer época do ano, mas principalmente de julho a outubro ou de janeiro a abril. Aprendeu com os bororos tudo o que sabia sobre a natureza.

Os indígenas chamavam aquela fruta de mangaba — "coisa boa de comer". O fruto tem forma de pera, muito viscoso quando verde, contém suco leitoso que quase embriaga e pode matar; a polpa é branca, fibrosa e recobre sementes circulares. Maduro, o fruto tem casca amarelada com manchas vermelhas, é aromático, delicado, tem ótimo sabor, mesmo sendo ainda um pouco viscoso.

— Nelson, isso são horas, por que você demorou? Eu estava ficando com medo. Não me diga que foi andar na beira do córrego outra vez.

— Fui, se você visse que beleza, Julia. É muito fresquinho. O mato é bem verdinho. E tem mangaba e marmelo.

— E você que não toma cuidado com cobras venenosas, hein, homem?

Nelson gostava muito e até cantava: *quem quiser comer mangaba, oh lele, vai no pé da mangabeira, e vai comendo e vai gostando e oh lele vai metendo na gibeira.*

— Nelson, quando você chega com esta cantoria, é sinal que o embornal está cheio de mangaba.

Julia ficava feliz da vida. Gostava quando o marido chegava da roça cantado.

— Cuidado, mulher, a mangaba só deve ser consumida quando madura, pois, antes disso, pode até mesmo causar problemas de saúde para quem a comer.

— Parecem madurinhas, Nelson.

— Estas aqui eu apanhei no chão. Os frutos não devem ser retirados da árvore, mesmo que pareçam maduros. Deve-se esperar que, após amadurecerem, caiam no chão para que possam ser colhidos.

— Nelson, você andou lá pela beira do córrego onde tem os buritis?

— Sim, já olhei tudo, mas somente daqui a alguns meses eles vão cair, aí vamos fazer a simbereba.

— E você sabe que onde tem buriti tem sucuri, não sabe, Nelson? Tem muita água e onde tem água tem sucuri. Toma cuidado!

E Nelson falava:

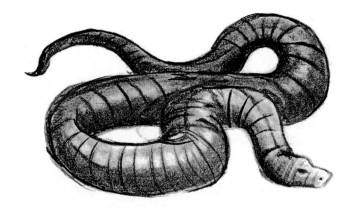

— Não tenho medo, pois tenho muito cuidado.

Às vezes Nelson cismava em caçar como os bororos. Preparava arapucas para pegar algumas aves como a juriti, a nhambu e a jaó. Ele bem que tentava caçar como os indígenas que diziam para ele sobre os animais que haviam por aquelas bandas como: ema, seriema, lobo, lobo-guará, cachorro-do-mato, raposa, tamanduá-bandeira, tamanduá-mirim, veado campeiro, tucano, anta, arara, curicaca, papagaio, gavião, cateto, gato-mourisco, onça-parda, onça-pintada, urubu, urubu-caçador, urubu-rei, tatu e vários outros. E ele bem que tentava pegar um porquinho do mato, mas se contentava mesmo com as aves e os pequenos peixes.

Nelson era muito alegre e gostava de cantar, às vezes ele cismava que ouvia as aves cantarem bem pertinho da casa e brincava com Julia deitados na mesma rede armada na sala:

*Minha comadre, Jaó.*

*Que foi, comadre perdiz?*

*Vamos trocar de lugar?*

*Eu, Deus me livre.*

Ou:

*Quebrei três potes, quebrei três potes, um coco, um coco, um coco.*

Era a saracura ou a Galinha d'água, que cantavam ali por perto.

E Nelson continuava a cantoria:

*Dona Sara, está doente e será que a Saracura?*

*E eu tro fraco, tro fraco, tro fraco.*

Eram as galinhas-d'angola do seu Badega, um vizinho deles, que até se tornou o compadre, e Maria, sua mulher, a comadre. De vez ou outra apareciam ali perto. E Nelson dizia das bichinhas:

— Julia, você sabia que sucuri não come galinha-d'angola?

— Por quê? — Julia perguntou logo.

— Dizem que é por causa daqueles chifrinhos que ela tem, pode rasgar a sucuri ao meio.

— Eita, essa eu queria ver.

— Vou imitar o rasga-mortalha. Ele canta assim.

E começava uma barulheira com a boca e garganta e a esposa reclamava.

— Não, Nelson, esse não, este não. Você sabe que eu não gosto desse bicho, ele é agourento.

— Que bobagem, Julia, é só um bichinho cantando para a lua.

— Mas eu sou cismada com ele. Você lembra quando a menina engoliu o broche? Quem foi que deu a maior gargalhada? Foi ele, bem na hora que a bichinha estava esgoelando, engasgada.

— Ah, mas não teve nada, o broche estava fechado.

— E se estivesse aberto, Nelson? Esgarranchava nas tripas e a nossa filha tinha morrido. Se não fosse o purgante de óleo de mamona que a madrinha mandou dar para ela. Você lembra?

— Você tem razão. Eu me lembro, mas não tem nada a ver com o pássaro.

Nelson criava muitas galinhas e tinha um galo índio com que ele tinha o maior cuidado. Tratava muito bem o bichinho e dizia que ele era o rei do quintal. Todas as manhãs o galo iniciava uma conversa musical com os outros animais do lugar. E ele imitava o galo, colocando letra na sua melodia. Aprendera em algum lugar, com os seus irmãos.

*Cristo nasceu.*

— *Onde?* — *o boi perguntava.*

— *Em Belém, em Belém* — *respondiam as cabritinhas.*

— *Mentira, mentira* — *dizia o pato.*

— *Cadê a faca, cadê a faca?* — *respondiam as galinhas da angola.*

E Julia caía na risada. Nelson era muito divertido. Ele só ficava triste quando via que os mantimentos estavam quase no fim ou se percebesse que a colheita não era boa naquele ano.

Além das frutas nativas, Nelson recolhia o mel de abelha Europa e Jati, que guardava em cabaças, bem tapadas, para não ajuntar formigas e na hora do café servia com mandioca cozida.

A castanha do coco babaçu para fazer paçoca ou comer puro mesmo, ele mesmo que quebrava o coco para retirar o bago. Quebrava uma por uma com um machado em cima de um toco, mas bem longe e com muito cuidado, porque uma farpa que avoasse seria muito perigoso.

E todo o ano plantava milho, para alimento dos animais e sustento próprio. O combustível das lamparinas era o querosene, que Nelson comprava na cidade. Usavam também o azeite de mamona que Julia não gostava porque dava muito trabalho.

Para retirar o óleo da mamona, colhia os cachos maduros, ou quase secos, debulhava, retirando a amêndoa. Depois de bem limpinhas as amêndoas teriam que ser socadas no pilão, colocadas num tacho com água para ferver. Quando se formava a nata oleaginosa, Julia ia retirando com uma concha funda e colocando para fritar em outra panela, depois de frio, coava-se e guardava em cabaças ou garrafas de vidro. Era costume usar o azeite de mamona no cabelo, para fortalecer as raízes e também como vermífugo e laxante. Aquele lugar era o paraíso para eles, porque era o único que conheciam, e de onde retiravam todo o sustento.

De vez em quando iam para a cidade. Mas ficou difícil, pois Elvira e Dona Zica foram para Sorocaba. Elvira estava noiva e ia se casar. O casamento seria na cidade do rapaz. Quando deram a notícia, Julia ficou muito feliz.

— Então, Elvira, você falou que queria ir embora e vai mesmo, hein? Estou feliz por você. Vai morar longe da gente, mas vai dar tudo certo.

Dois anos depois que se mudaram para a roça, Julia teve o segundo filho. Ela teve a criança na pensão da madrinha, antes delas irem para São Paulo. Julia ganhou um menino e lhe deu o nome do seu irmão, Nilton. Nelson ficou muito feliz, pois agora tinha um filho homem.

Um ano mais tarde, outro menino nasceu, era um menino mais moreninho e Nelson deu-lhe o nome de Rubens. Este veio bem mais rápido e Julia não foi para a cidade. Nasceu no Barreirinho com uma parteira ali das roças. Nelson ficou preocupado, aumentava as bocas para ele alimentar. E logo teriam que se mudar para a cidade, para que os filhos pudessem estudar.

— Julia, agora tenho que aumentar a plantação de arroz e feijão. É mais boca para comer.

— Pare de reclamar, Nelson, eles ainda são pequenos, precisamos é de leite.

— Seu Ibraim vai mandar uma vaquinha de leite para nós.

E ele trouxe mesmo. Era uma vaquinha mansinha com o filhote.

As três crianças logo aprenderam a comer de tudo, porque Nelson sempre dizia:

— Julia, ensine estes meninos a comer e aproveitar o que tem, porque ainda não passaram fome como eu, e barriga cheia é *alegria das tripas*, ou: *barriga cheia não corre risco*.

E assim faziam o possível para que as crianças tivessem sempre o que comer.

— Crianças não comam frutas verdes, principalmente o cajá, é dor de barriga na certa e vai ficar tudo preto aí dentro do bucho — dizia Julia todos os dias aos pequenos.

— Mãe, pode pegar mangas?

— Já falei que não. Ainda não estão boas.

— Por quê? O papai não deixa comer manga verde? — perguntava o menino do meio.

— Estão verdes e cortam a boca.

E assim Julia tentava se livrar da insistência dos seus pequenos que só pensavam em comida.

As mangas ainda estavam verdes, e no primeiro ano que deu cargas nos pés, eles ainda não conheciam as frutas. As mangas lindas dependuradas nos galhos bem baixinhos pareciam chamar por eles. E era só tocar com a mão para pegar a fruta. Era uma tentação, mas Julia continuava de olho na gurizada:

— Quando as mangas madurarem vocês poderão comer à vontade.

Mas a criançada curiosa, e principalmente a sua filha mais velha, era só a mãe descuidar, lá estavam eles apertando as mangas e dando umas mordidinhas.

Apesar das dificuldades, eles pareciam muito felizes. Julia esperava cada amanhecer com muita alegria e ansiedade. De manhã comiam beiju, mingau de milho, abóbora ou mandioca cozida com leite. O arroz em casca, ela mesma quem pisava no pilão, abanava na peneira para retirar as impurezas, catando os restinhos de casca numa travessa rasa. Todos os dias era a mesma rotina, bater o arroz, abanar, catar o feijão.

As crianças brincavam o dia inteiro na areia que havia em frente da casa. Nos dias quentes, Julia os levava para o córrego, onde corriam para cima e baixo na água rasinha.

Certo dia quando eles brincavam na beira da casa. A menina correu para dentro gritando:

— Mãe, mãe. Tem uma mulher ali no mato me olhando, mãe — gritou a filha mais velha. Ela vai pegar a gente. Parece das histórias que o papai conta.

E os meninos feito bichinhos medrosos já estavam agarrados à saia da mãe.

— Deixem de besteira, não é nada.

Mas ela insistia.

— Mãe, olhe lá.

— É a dona Madalena, ela é da aldeia dos bororos, que são amigos do seu pai. Ela mora no mato.

— No mato tem onça, e vai comer ela.

— Come nada, eles caçam e matam a onça e mais um monte de bichos. Eles só matam para comer, é o costume deles.

O lugar onde moravam ficava bem próximo a uma aldeia indígena da nação bororo. O caminho que eles usavam para irem à cidade passava em frente à casa de Nelson e às vezes eles paravam, pediam água, outras vezes até comiam, conversavam, contavam histórias, ensinavam muita coisa para Nelson.

Julia chegou bem perto da mulher que lhe sorriu mostrando os poucos cacos de dentes que ainda lhe restavam. A índia velha magra e acabada ofereceu a Julia um baquité, uma espécie de cesto de folhas de buriti, que as índias traziam às costas.

— Não posso comprar, Madalena.

— Quero farinha por baquité — insistia ela.

— Tenho pouca farinha.

— Preciso de pouca farinha.

Julia entrou e pegou uma cuia de cabaça com um pouco de farinha para a velha índia, com a intenção de que ela fosse logo embora.

— Tome. É só o que temos.

Ela aceitou a farinha de mandioca e fez a troca, parecendo muito contente com o negócio.

— Vou trazer uma peneira boa para você — ela falou e saiu correndo pela estradinha se embrenhando mato adentro.

Os bororos daquela região de Lajeado moravam em aldeias, nos arredores do povoado. Eles andavam em bandos pelos matos ali por perto, beirando rios, caçando, pescando e colhendo frutas silvestres.

Certa vez ao passarem por ali, Nelson ficou sabendo da morte de um bororo. Era um velho indígena. E ele que já sabia das histórias dos indígenas em relação ao funeral ficou ainda mais chocado quando o filho explicou tudo para ele.

— Vai ser o ritual do funeral. Índio véio morreu, o meu pai.
— Quando vai ser?
— Amanhã vamos começar. Tem pinga?
— Não, eu não bebo, meu amigo.

O ritual fúnebre dos bororo era considerado o mais importante. Durante o período que dura o rito fúnebre, de trinta a noventa dias, a população da aldeia e visitantes participam de diversas situações ligadas às práticas de enterramento.

A prática fúnebre começava com o enterramento do defunto em uma cova rasa no pátio da aldeia, o "bororo". Era regada dia a dia com água, a fim de acelerar o processo de decomposição do corpo.

Após o processo, os ossos eram desenterrados e levados para o Baíto, a casa do ritual, onde eram pintados e adornados enquanto a família e os amigos prestavam homenagens ao morto, dançando e cantando no ritmo "bakurorô", chorando por sua partida.

A cerimônia era conduzida por cantadores, sempre os mais velhos da aldeia. Os bens, queimados pelo melhor amigo do morto, que passará a representá-lo na terra, cumprindo com todas as obrigações pendentes, inclusive cuidar de sua família. Após este momento é realizada a iniciação dos jovens com danças, expedições de caça, pesca e a representação de espíritos.

Nelson explicou tudo para Julia, que ficou horrorizada.

— Credo, pra que tudo isso? O pobre do defunto precisa descansar.
— Eles são diferentes de nós, Julia. Cada qual tem suas crendices, seus costumes e rituais.
— Quando isso termina? O pobre defunto já está todo desengonçado, só os ossinhos.
— A cerimônia acaba no momento do sepultamento definitivo dos ossos, em uma lagoa.
— E o que mais você sabe sobre eles? Eu via eles todos os dias na cidade e nunca aprendi quase nada.
— Aprendi muita coisa conversando com os bororos mais velhos. Eles fazem rituais ou festas para tudo, para a colheita, para dar nomes aos que nascem, para a perfuração das orelhas e do lábio inferior, para a festa do milho novo, para a preparação de caçadas e pescarias, do couro da

onça, do gavião real e do matador da onça. Também mostram os direitos, deveres de cada um e de como se deve tratar o semelhante.

— Nelson, é muita coisa que esse povo faz. Às vezes até pensamos que eles só sabem andar atrás de comida e mais nada.

— Verdade. Mas cada povo tem seu costume.

Em outro momento, passando uma caravana de bororos, da cidade para a mata, um filhote de vira-lata ficou para trás, uma cadelinha amarelinha pequena, dessas que não crescem e são bem abelhudas. Nelson a encontrou pelo caminho e a trouxe para casa. A bichinha estava morrendo de fome e sede. Nelson aproveitou para perguntar a uma índia que vinha logo atrás:

— Ei, vocês deixaram uma cadelinha para trás, é filhote.

— Meu amigo, se você não a quiser, deixa por aí. Já temos muitos cachorros e a comida é pouca. Disse o casal que vinha logo atrás dos outros companheiros.

E Nelson levou a cadelinha para casa.

A alegria foi geral. Para as crianças só estava faltando um bichinho de estimação.

— Pai nós vamos ficar com ela? — perguntou a menina.

— Vamos ver, essa cadelinha parece não valer nada.

— Ah, pai, a gente a ensina a caçar tatu, preás.

— Já falei que vamos ver. Por hoje você pode dar um pouco de comida para ela e amanhã eu vejo o que fazer.

No outro dia, a menina se levantou mais cedo, olhou no cercadinho atrás da cozinha e viu a cadelinha toda faceira.

— Oh, fofinha amarelinha, o papai vai ficar com você, hein, sua sapequinha? Que nome será que ele vai dar? Vou deixar com ele. Você está com fome? Venha aqui.

Ela levou a cadelinha para dentro e procurou pelo fogão alguma coisa para ela comer. Julia tinha separado o resto de comida da janta e tinha também um pouco de leite. A menina misturou tudo e deu para a bichinha esfomeada.

— Ora, que gulosa, você está com muita fome. Come, come.

Neste instante os meninos também faziam a festa com a pequena cadelinha que recebeu o nome de *Sirigaita*, por ela ser muita arteira e sabida.

A menina falou para a mãe:

— Mãe, vamos ficar com ela. A cachorrinha me ama.

— Ela tem um amor tão puro — disse Julia.

— E balança o rabinho para nós. Olha que fofa.

— Ela morde devagar, e nem dói. Ela lambe, e está muito feliz — disse o menino.

— Mas não fiquem com ela no colo, senão ela não vai prestar.

Mas Julia olhava a felicidade da criançada e pensava: *"uma cachorrinha faz a vida ter sentido de alegria para elas."*

Julia subiu o barranco com as vasilhas areadas para guardar na prateleira de bambu. Ela acordava bem cedo para dar conta de tudo. O almoço tinha de estar pronto ao meio-dia, e como não tinham relógio usavam o sol a prumo para saber o momento de comerem a segunda refeição do dia. Porque de manhã bem antes do almoço ela preparava um tira torto, que era arroz com carne, feijão e farinha, ou farofa de ovos, beiju ou leite engrossado com puba. Nelson chegava da roça antes do meio dia, comia e voltava novamente para a lida.

Quando o marido não vinha para o almoço, depois de encher a barriga das crianças, ela preparava uma marmita para Nelson,

— O que tem hoje? — ele perguntou, quando ela encontrou com ele no meio da plantação de arroz.

— O mesmo de ontem — respondeu sorrindo a esposa.

— Ah, e quiabo, tem?

— Não fiz, não, os guris deram muito trabalho.

— Você não sabe educar. Pegue uma varinha de malva e tasca neles.

— Tenho dó, não gosto de bater. Você sabe que eu não sou de bater. Corrija você.

— Êta, mulher pamonha, você é mole. Um dia desses eles batem em você.

— Batem não. Eu converso muito com eles e acho que surra não endireita ninguém.

— É mesmo, senão você era outra, apanhou tanto das tias e da madrasta.

— Não gosto de lembrar dessa história, Nelson.

E assim a conversa fluía e Nelson mudava de assunto.

— E a cadelinha? Acha que podemos ficar com ela?

— É bom, ela come os restos — a mulher respondia.

— Restos de quê? A comida é pouca. A colheita está longe.

— A gente dá um jeito. Os guris gostaram dela. Ela é muito arteira.

— Ela tem que caçar tatu. Mas é muito besta.

— Ela aprende, Nelson.

— Vamos ver o que vai dar, agora vai embora. Dê um jeito naqueles nossos guris. Vão tocar fogo na tapera.

Julia não era mole. Era muito amorosa e não era do seu feitio bater nos filhos. Falava, falava, mas não batia. Não esquecia de sua mãezinha. E sempre pensava: *"Que falta faz a minha mãe. Que saudades. Ela não batia na gente. Tão amorosa."*

Ao voltar para casa, percorreu o mesmo caminho de terra branquinha que separava a roça da tapera. Gostava de observar a vegetação que naquele trecho oferecia o famoso marmelinho, uma moita bem baixinha, perigoso abrigo para cobra, por causa da sombra fresquinha. O marmelinho cresce nos campos e pastagens. Quando maduro é bem pretinho e redondo como jabuticaba, muita gente chama a fruta de *bosta de cachorro*.

Outra frutinha do cerrado que ela gostava de caçar era a guavira. A guavira também chamada de guariroba. Por fora ela lembra uma goiabinha, mas o sabor é totalmente diferente de qualquer outro fruto. Naquela região, existem muitas espécies de plantas e frutas do cerrado, atraindo muita espécie de cobra. Provavelmente isto ocorre pelo fato de algumas espécies de aves procurarem os frutos, atraindo assim as cobras que se alimentam de pássaros.

E Julia naquele momento lembrou do que o marido disse sobre a guavira:

— Mulher, você toma muito cuidado quando andar por aí para pegar frutas do cerrado ou quando vir trazer meu almoço. Esta região tem muitas cobras de várias espécies e são muito perigosas.

— Cobra gosta de guavira?

— Não, Julia, é porque animaizinhos que cobra come gosta de guavira.

Estar ali, respirando aquele ar puro, com o leve aroma das árvores e frutas silvestres, que circulam a região, traz a qualquer um, uma grande sensação de paz. Julia fechou os olhos e respirou profundamente, procurando absorver o silêncio e a harmonia entre ela e a natureza. Foi muito rápido o seu devaneio, porque por um momento pareceu ouvir os gritos das crianças. Julia voltou para a realidade, recolheu algumas frutas e voltou correndo para casa.

# CAPÍTULO 7
## Formigões na Mata Escura

Nos dias quentes, Julia levava a criançada para o córrego, a fim de refrescarem daquele sol calorento. A vegetação ribeirinha naquela época do ano era linda, Julia sentia o cheiro do mato verdinho e das maravilhosas flores. Um barulho diferente da natureza pairava no ar junto a calor, besouros, abelhas e borboletas nas flores. Era o prenuncio de chuva, que por aqueles dias viria.

— Vamos, cambada, aproveitem este tempo quente para tirar a tiririca.

E esfregava um por um com bucha vegetal que ela colhia na latadinha do quintal. Esperava que ficassem amareladas e colhia, tirava as sementes e colocava ao sol, depois guardava em lugares frescos para serem usadas, umas para as louças, outras para o banho. A cabeça da criançada ela esfregava com o sábado de soda, ou de cinza, chamado de sabão de dicuada.

— Ai, mãe, meu olho arde — dizia o menino do meio que era muito enjoado com tudo.

— Que nada, seu porquinho, deixa de moleza, venha cá, Rubinho, você parece um gatinho preto, seu encarvoado. Brinca o dia inteiro na terra. E você, Leninha, vamos lavar e pentear este pixaim, que parece uma bucha bem embaraçada, como diz o seu pai.

E ela se divertia esfregando a gurizada. Depois puxava dos galhos das árvores ribeirinhas, um cipó forte, e dava um jeito de deixá-lo como uma gangorra para balançar as crianças. Ficavam horas ali dependurados no cipó. Depois, corriam na água rasa em cima de umas pedrinhas brancas, para lá e para cá, levantando muitos respingos, chegavam a ficar com os olhos avermelhados. Naquele momento Julia se esquecia de tudo, era uma criança como seus filhos e perdia a noção do tempo. Brincava com eles, pulava nos pequenos poços, mergulhava. Mas sabia que a hora de subir a ladeira chegava. Teria que ir para casa e vestir as crianças. Elas pareciam famintas.

— Mãe, tô como fome — começavam a reclamar.

— Eu também.

— Eu tô mais. Minha barriga tá roncando.

E Julia sabia que tinha que correr e fazer a janta. Nelson não tardaria. Ele chegava cansado e faminto. Tomava banho de caneca, mesmo no puxadinho do fundo, quando não passava no riacho para tomar um banho mais demorado e refrescante.

— Todo mundo saindo da água e subindo a ladeira.

Julia pegou o pequeno, escanchou na cintura com a bacia de vasilha do outro lado rumo à casa. Era somente dois metros de barranco até o quintal. Vestiu as roupinhas surradas nas crianças, calçou os chinelos, e disse:

— Não vão se sujar. Sentem aqui nestes banquinhos e esperem a boia.

Nelson chegou quando as crianças já estavam com a barriga cheia e sossegados, sentados no banquinho da cozinha. Julia não deixava mais eles brincarem na terra. Se fossem, não iam dormir com os pés sujos. Ela esquentava uma água, colocava na bacia e um por um ia lavando os pezinhos grudentos do arroz que caíra no chão.

Nelson chegava todo animado. Seu descanso era sagrado. Ele precisa comer e dormir.

— Ê, cambada, não esperou o velho pai, hein?

— Fica pensando que eles vão esperar, Nelson. Estes aqui são piores que draga de garimpo.

— São piores que limas novas. Então só falta nós. Julia, capricha aí no meu prato.

Comiam na cozinha, nos bancos de caixotes ou em pequenas toras de madeiras.

Nelson, depois de conversar um pouco com a mulher, parava e ficava olhando pensativo para o fogão, cujas brasas ainda teimavam em soltar uma pequena labareda. Mas bem devagarinho iam virando cinza bem branquinha.

Depois fumava um cigarro de palha na porta da sala, entrando depois para contar suas histórias para as crianças.

— Pai, conta história, já está de noite — disse o Nilton.

— Tá de dia — falava o pequeno.

— Tá de noite, seu burro. E quem fez a noite? Pai, quem fez a noite? — perguntou sua filha.

— Quem criou a noite foi Deus quando ele fez todas as coisas. Mas os indígenas contam uma outra história. O meu pai gostava de contar umas histórias dos indígenas do Pará, eles chamavam essas histórias de lendas.

— Conte para nós, pai — pediu a menina, já se aconchegando perto do pai.

— É mesmo, Nelson, faz um tempinho que você não conta histórias.

Julia sempre pedia, mas o marido tinha tantas coisas para fazer ali na roça. O trabalho era árduo e pesado. Somente os dois para dar conta de tudo. Tirar da terra o alimento do outro dia, ou dos dias seguintes, não era fácil para qualquer um. Mas aquela noite estava tão linda, quente e com uma lua tão clara que ele se animou.

— Pois bem — disse ele —, o sol rei esquentava a terra. Na aldeia e na floresta não havia noite. Era sempre dia. Tinha lua, tinham as estrelas, e era tudo muito clarinho junto com a luz do sol. Todos os passarinhos, formigas e abelhas, trabalhavam sem parar. Não iam para os ninhos. Homens e mulheres também não paravam para descansar. Não dormiam nunca. Eles diziam: "Que dia comprido! Não tem fim!" E assim levavam a vida. O sol fazendo o seu trabalho, ele não se punha nunca, ia e voltava no mesmo caminho. Nenhuma nuvem se arriscava a ofuscar o seu brilho. Até que um indígena curioso quis saber o que era o sol e conseguiu colocar sua mão lá no alto. Quando ele tocou o sol, este se quebrou em mil pedaços e o mundo todo foi envolvido por uma terrível escuridão. A escuridão parecia uma boca grande e escura, que chegou engolindo tudo pela frente. A vida na floresta ficou toda bagunçada, ninguém achava nada, muitos homens perdidos na mata, muitas crianças que não achavam suas mães, animais também perdidos, pássaros sem seus filhotes. Todos começaram a gritar: "Oh Mauá, conserte o sol. Não estamos aguentando esta escuridão. Oh Mauá, tenha piedade." Mauá é um ser criador que cuida dos elementos da Natureza. Ele ouviu o pedido de seu povo e consertou o sol. Mas o sol não funcionava mais como antes. Ele caminhava para o poente, e não conseguia voltar, sumindo no horizonte e deixando a Terra na escuridão. Mauá então fez com que a lua e as estrelas surgissem na ausência do sol para iluminar um pouco a noite. E assim foi que se criou o dia e a noite.

Julia toda acesa e muito interessada pela história da noite perguntou:

— Quem é este tal de Mauá, Nelson?

E Nelson todo cheio respondeu:

— Mauá para os indígenas do norte é um ser criador da natureza. Quando está zangado, faz o trovão com ossada da cabeça de onça. Então ele sai pelo céu arrastando a cabeça do bicho. Ele é um guerreiro justo e bom, mas às vezes se zanga e vem vingar das pessoas que fazem coisas erradas como prejudicar a natureza, derrubando árvores ou assoreando os rios por causa da mineração. Aí ele não tem dó. Coloca os maus feitores para correr com muita chuva e trovoada.

— A noite é escura — disse o menino do meio.

— O dia é claro — falou a menina.

— Muito bem, vocês vão aprender mais sobre o dia e a noite, num outro dia, ou quando forem para escola. Vamos todos dormir, que a noite do Mauá chegou aqui, e ela está muito curta. E precisamos descansar.

Numa outra noite, não teve história porque Nelson estava muito cansado, foram dormir bem cedo.

— Sem reclamação. Hoje o pai de vocês não tem nenhuma história na cabeça.

Quando todos dormiam tranquilamente, a cadelinha Sirigaita começou a latir bem longe. Um latido diferente, como que se chamasse por alguém. Nelson revirou na cama, estava sonhando. Sonhava que estava numa mata fechada e que escutava a cadelinha ladrando, corria e parava para escutar os latidos, que iam ficando cada vez mais distantes. E ele não encontrava a cadelinha.

Mas não era um sonho. Nelson despertou com os roncos de Julia ao seu lado, deu uma cutucada. Aguçou os ouvidos percebendo que o latido da cadelinha era diferente e que poderia dizer alguma coisa. Entendeu o recado e cutucou de novo a mulher.

— Vamos, Julia, se levante, a Sirigaita acuou. É um tatu. E já foi calçando as velhas botinas.

— Como você sabe que é um tatu, Nelson? — resmungou ela, sem conseguir abrir os olhos. Não estava entendendo nada. Ainda estava dormindo.

— Porque é um latido surdo. Parece estar na beira da toca do tatu. Vamos, mulher, é a mistura do almoço de amanhã.

— Ah, Nelson, vá você. Estou com muito sono. Têm as crianças. E eu tenho medo de atravessar o córrego de noite, tem o negro d'água, aquela história que o seu o compadre contou.

— Eita, mas você é besta mesmo, não está vendo que é só lá no Nordeste que tem?

— Vai que o bicho veio para cá — e Julia lembrava o dia que ouviu a história do boto ou nego d'água.

O compadre era vizinho mais perto deles e sempre passava no seu cavalo, parava para contar causos de pescadores do Rio Garça.

— Compadre, é verdade, mesmo? — perguntava Julia.

— Verdade, muitos pescadores e garimpeiros já viram a criatura e deixaram de ir mais perto do rio com medo do bicho. Diziam que ele vive mais tempo dentro d'água assustando quem por ali passa. A função dele é afastar as pessoas do local. Talvez para proteger os peixes.

— Conversa mole — retrucava Nelson.

— Num tô dizendo. É verdade.

— O meu avô dizia que ele nunca fez mal para ninguém, somente aparecia e amedrontava as pessoas por causa do seu aspecto. Olha, Nelson, crendo ou não, cuidado, você pode tomar um sustozinho.

Ele contava que certa vez um boto apareceu com a sua cabeça de porco a soprar bem pertinho de onde estava a sua vara de anzol. Ele nunca mais voltou lá.

— E como era a criatura? — Nelson quis saber.

— A criatura era muito esquisita, Nelson. Os dentes alvos e pontiagudos, os olhos, duas tochas acesas. Os nativos o descrevem como sendo um ser troncudo e musculoso, de pele encardida. Tem causos de que ele também pode aparecer sob a forma de outros animais, de homem negro alto e forte, corpo coberto de escamas e pele, conseguindo nadar ligeiro. É o guarda zeloso e sanguinário dos rios. Suas gargalhadas, assustavam as mulheres.

— O senhor é um bom contador de causos.

— E tem mais, Nelson, quando a criatura não gostava de um pescador, ele afugentava os peixes para longe da rede, mas, se o pescador lhe fazia um agrado, ele o ajudava para que a pesca fosse boa.

— E como a gente faz para se proteger deste monstro? — Nelson perguntou.

— O que sei é que não pode atirar nele, pois ele lança maldição. Alguns lançam fumo ou pinga nas águas para acalmá-lo e afugentar a assombração. E ainda, quando eu era pequeno, ouvia dizer que as crianças sempre eram advertidas a não nadar no rio ao "entardecer", que era a hora do aparecimento dele e de outras visagens.

Julia já estava paralisada de terror quando o seu compadre disse:

— Para finalizar nossa conversa, vou contar somente mais uma do negro d'água, aconteceu comigo há muitos anos atrás lá no Rio Bandeira. Uma noite, quando já estávamos em boas redes, contando anedotas uns para os outros e esperando chegar os últimos companheiros que subiram e desceram o rio, para dormirmos sossegados, escutamos um ruído do lado do rio, como se um animal espantado tivesse corrido para nosso lado, derrubando mato. Era o João, um companheiro de pescaria. Chegou sem poder falar, e horrorizado com o que vira naquele poço escuro da curva do rio. Nos levantamos para socorrê-lo. Perguntamos o que tinha acontecido com ele. E ele respondeu com a voz para dentro que o negro d'água apareceu embaixo do seu barco, fazendo um movimento na água e um barulho horrível como se fosse uma gargalhada. E, contando o ocorrido, olhava para todos os lados, assombrado.

— Você viu negro d'água coisa nenhuma, o que você viu foi um boto, que nós também vimos hoje à tarde, na curva do Poço da Cachorra. E assim foi, levou tempo para a gente voltar naquele lugar. Cuidado, Nelson.

— Moço, aqui é difícil, o rio é raso, e a gente não pesca grande coisa — finalizou Nelson.

Nelson lembrava muito bem das histórias do seu Badega, e esta do Nego D'água era a mais cabeluda, porque nunca se ouvira falar em boto no Rio Bandeira. E agora o que ele queria mesmo era ir atrás do tatu.

— Julia, agiliza, criatura, vamos logo, pare de pensar nesta história de Nego D'água, você vai para ajudar a tirar o bicho da toca. Os guris estão dormindo e não vão acordar por agora. Vamos fechar bem as portas.

Julia se levantou ainda sonolenta, cambaleando. Arrumou a velha camisola de flanela em cima do corpo magro, calçou a alpercatinha de couro de vaca que Nelson fez para ela. E lá foram os dois, munidos de uma enxada, uma lamparina e um facão. A noite estava escura, não havia nuvens no céu, que mais parecia um tapete com pequeninos pontos luminosos. Atravessaram o pequeno riacho do Barreirinho e Julia tremendo de medo, reclamando:

— Ai, meu Deus, nos livrai do Nego D'água.

— Fique quieta, mulher. Vamos ouvir os latidos da cachorrinha.

— Eu só ouço o meu coração batendo igual tambor de tanto medo.

— Julia aqui não tem nego d'água, ele mora no rio. E rios grandes como o Garças. Aqui só tem este riachinho.

Andaram por entre pequenas árvores retorcidas. Beirando o córrego enroscavam em cipós e gravatás. Areia e barro de atolar até os joelhos. De vez em quando paravam e escutavam os latidos.

— Não está longe. Escuta!

Julia escutava.

— É deste lado. Vamos, Nelson, pois quero voltar logo.

Andaram cerca de vinte minutos atravessando umas grotas de enxurradas, onde a terra parecia mais seca, e era gostoso pisar naquela terrinha lisa, chegava a fazer um barulhinho debaixo dos pés. Andaram mais um pouco até dar de cara com um enorme pé de jatobá, cujas raízes faziam um grosso emaranhado junto da terra vermelha.

Um tatu galinha construiu sua casa bem socado abaixo das raízes, muito difícil para os predadores alcançá-lo. Nelson levantou a lamparina e viu a cadelinha com a metade do corpo enterrado na loca, latindo feita doída. Percebendo que o patrão chegara para ajudá-la, a danada saiu, arrebitou as orelhas, abriu as ventas e cheirou, mas voltou logo em seguida a se meter no buraco.

Julia começou a gritar de medo.

— Nelson, puxa ela, o bicho vai comer ela.

— Deixa de ser boba, mulher. É só um tatu.

Nelson puxou a cadelinha, mas ela tinha tanta força que ele escorregava na terra e ela voltava para dentro da toca. Quando Nelson conseguiu segurá-la bem firme, ela veio com o tatu.

— Nelson, Nelson, olha, veio o tatu, ela está segurando o pobre pelo rabo. Puxe.

— Ajude, mulher, força.

Julia também segurava a metade da cachorrinha.

— Força, força, que o bicho vem aí.

Quando conseguiram tirar os dois bichos, Nelson mirou o facão na cabeça do tatu, acertando numa só pancada. Teve muito cuidado por causa da cachorrinha, que vendo o seu feito parecia muito feliz e satisfeita se enroscando nas pernas do dono.

De volta para casa percorreram o mesmo caminho. A lamparina, dando sinal de falta de querosene, estava com uma chaminha tão fraca que se o vento resolvesse ficar forte, na certa apagaria.

Sirigaita andava na frente, parecendo um pouco cansada e faminta. De vez em quando parava e se deitava muito ofegante.

— Nelson, está tão tarde. A noite está muito escura e a lamparina vai apagar.

— É verdade e logo vamos caminhar sem luz. Cuidado onde você pisa, venha sempre atrás de mim. Amanhã faremos um belo almoço.

— E as crianças? Será que perceberam que saímos?

— Que nada, eles têm sono muito pesado.

Julia pensava nas crianças, queria chegar logo, andava depressa bem atrás do marido, quase colada a ele. Queria chegar antes do amanhecer. E calados, subiam, desciam pequenas encostas, enroscavam-se em unhas de gatos. No céu, ainda muitas estrelas, uma noite escura e fresca. O terreno onde andavam agora era seco e com muitas folhas, apresentando perigo iminente de cobras e formigas.

— Cuidado onde pisa.

— Estou cuidando, Nelson.

De repente falseando o pé, já perto de casa, Julia sentiu uma picada dolorida no dedão esquerdo. Passou a mão onde sentiu como se uma agulha a penetrasse.

— Ai, ai, Nelson, será que uma cobra me picou? — disse ela, parando para que Nelson pudesse iluminar com o restinho de luz que ainda tinham, e viu o tamanho do formigão grudado em seu dedo.

— Peraí, peraí, fique parada.

Nelson passou o facão e conseguiu arrancar a terrível tucandira, uma formiga enorme de ferroada muito dolorida. Uma no dedo da mão e outra no dorso do pé.

— Pronto, Julia, estão mortinhos da silva.

Mas Julia já estava desfalecendo de dor. Nelson ficou preocupado. Lembrou que quando era criança lá no Pará viu um tio picado por uma formiga dessas. Seu tio urrava, porque dizia que sua picada é considerada a mais dolorosa de todos os insetos, sendo vinte e quatro horas ininterruptas de dor intensa, até os mais fortes dos homens urina nas calças ou desmaiam pela dor intensa.

Nelson pensava na fragilidade da mulher. O veneno da formiga é muito forte. E a picada causava inchaço, irritação e febre. Nelson sabia, porque o seu pai sempre falava: *"cuidado com a tucandira, cuidado com formigões."*

O marido de Julia guardou o tatu no embornal, ajeitou o facão na cintura, largou a enxada na trilha. Teria que deixá-la ali, e vir pegar no outro dia, porque precisava socorrer a mulher. Talvez até carregá-la.

Amparou a esposa que já nem conseguia andar e nem falar, só chorava de dor, quase desmaiando. O caminho parecia não ter fim, mas não estavam muito longe de casa. Num dado momento, Nelson carregou Julia nas costas.

Para eles o tempo não passava, a noite não terminava e o caminho de volta parecia mais longo. E no clarear do dia conseguiram chegar em casa. As crianças inocentes ainda dormiam. Os animais já gritavam de fome, ciscando pelo quintal

Nelson colocou Julia numa rede perto da cozinha e providenciou rapidamente os remédios caseiros, chás, clara de ovos, sumo de folha de algodão, tudo o que ele sabia. Antes lavou bem as picadas com o sabão de bola.

Depois de muito gemer e revirar na rede, Julia dormiu. Nelson não arredou o pé de junto dela, olhando para o seu rosto triste e decaído pela dor, era magrinha, mas sua alegria e vontade de viver aliviava um pouco sua falta de beleza.

As crianças acordaram todas famintas e Nelson cuidou delas. Julia ficou três dias de cama. Nelson se levantava cedo, fazia o almoço, ia à roça e voltava para esquentar a comida e alimentar as crianças. Foi muito corrido estes três dias. Quando a esposa melhorou, ele pode respirar um pouco.

— Você está melhor?

— Sim, hoje vou ao córrego lavar as roupas e esfregar estas crianças, encardidas.

— Cuidado com as formigas — o marido brincou.

— Ah, Nelson, deixe de bobagem, já estou acostumada com o córrego. Vou olhar bem para o chão.

— Vou dar uma lavada boa nas vasilhas e nos meninos. Você descuidou dos pobres.

— Os cabelos estão parecendo umas buchinhas embaraçadas.

— Ah, você cuida melhor mesmo.

A vida voltava ao normal. A mesma trabalheira de Julia e Nelson. Cuidando da roça, dos animais, da casinha e dos filhos. Às vezes Julia pegava numa cantoria as músicas sertanejas que aprendeu no rádio, quando morava na cidade. Ela copiava a letra e decorava.

E cantava, cantava muito.

# CAPÍTULO 8
## A tempestade e o tacho de sabão

Um tempo depois da aventura com os formigões, Julia estava ótima e pronta para o trabalho e logo viu que precisava fazer sabão.

— Nelson, preciso de cinza para fazer o sabão de dicuada.

— Vou arrumar e trazer as cinzas. O compadre ajuntou bastante e não vai precisar. Agora mesmo depois da coivara deve ter muita cinza por aí. Vou pegar antes da chuva, que parece estar com muita vontade de cair. Daí, hoje à tarde você já pode colocar para curtir, e amanhã faz o sabão.

— Nelson, não posso demorar muito de começar a fazer. Tenho que começar à tarde, porque as crianças com a barriga cheia não vão incomodar, eles ficam brincando na sombra das mangueiras do outro lado da casa e não correm tanto perigo.

— Já falei que você pode fazer amanhã. As chuvas de agora são mais intensas e você não vai querer perder uma taxada de sabão de dicuada.

— Você sabia que o sabão-de-bola deve ser produzido na virada da lua minguante para o quarto crescente; se feito na lua nova ou cheia não dá muito certo, alegam que a mistura pode espirrar do tacho e é um perigo a pessoa se queimar. Por isso tenho pressa em fazer.

— Tenha muito cuidado com essas crianças.

— Toda vez que vou fazer sabão lembro da madrinha Zica, ela foi quem me ensinou.

Dona Zica contava repetidas vezes a história do sabão-de-bola para suas vizinhas e para Julia. Antigamente quase tudo era produzido nas fazendas, exceto o sal e o querosene para alimentar as lamparinas.

Para Julia, produzir artesanalmente o sabão-de-bola não havia muita dificuldade: a receita já estava na cabeça; a cinza estava por ali mesmo, fácil de ser obtida nos fogões a lenha; mais fácil ainda era transformá-la em dicuada. A gordura também era fácil de ser obtida, sempre que matavam vaca já estava encomendada a gordura, chamada de sebo. O marido providenciava tudo, porque, quando a mulher queria uma coisa, não lhe dava sossego. E reclamava:

— O sabão acabou, preciso lavar roupas e vasilhas.

— Está certo, mulher, já falei que amanhã você começa.

E Nelson lembrava de Dona Zica:

— Quando será que ela vai voltar e aparecer por aqui?

— É mesmo, faz tempo e estou saudades delas. Elvira casou e o Nilton ainda está no Lajeado. Ele mora numa pensão. Deve estar aprontando por aí.

— Verdade, Julia, sua irmã se casou, hein, quem diria.

— Ela namorou por correspondência um paulista de Sorocaba. Será que vai dar certo? Ela sempre sonhou em sair da cidade. Queria conhecer outros lugares. Espero e tenho certeza que ela será muito feliz.

— É difícil dizer, Julia, para mim tem que ser igual a nós, preto no branco. Eu sou preto e você é branca.

— Nelson, para. É sério. Desejo que minha irmã seja feliz, construa sua família.

Nelson era muito engraçado e Julia gostava quando ele armava para ela umas brincadeiras — escondia atrás da porta da casa para pregar susto em Julia. Às vezes se escondia no mato perto do riacho em que Julia se banhava e ficava de longe jogando umas pedrinhas para assustar a mulher. E quando descoberto caía na gargalhada.

Fazer sabão de dicuada era um processo trabalhoso, mas, para Julia, que estava acostumada e precisava do sabão, tornava-se uma rotina comum. Quando não tinha cinza das coivaras, ela mesmo preparava, aproveitando as cinzas de angico, usado no fogão caipira.

Furou o fundo de uma lata, colocou as cinzas do angico dentro dela. Pendurou a lata em um canto da casa suspensa por um pau. Os furos livres permitiam que a água da cinza escorresse numa bacia limpa embaixo da lata, porque, depois que as cinzas estivessem bem fixas à lata, adicionava-se água. Essa água misturada com as cinzas escorria lentamente para a bacia. Este líquido era a dicuada, principal ingrediente para a fabricação de sabão caseiro.

Com tudo preparado Julia apanhou uma enorme panela que tinha pegado emprestado da tia Lala, colocou o sebo de vaca, juntou a água da dicuada e colocou no fogo para ferver. Tinha um fogão mais baixo que ficava numa latada embaixo do pé de cajá. Com uma colher de pau bem grande ia mexendo na panela. Quando a mistura começava a querer soltar umas bolhas, já estava quase no ponto.

Para testar se precisava de mais dicuada, Julia pegou um pouco e jogou numa canequinha com água. E ela observou que, se aparecesse nata por cima da água, era sinal de que ainda tinha gordura, aí ela colocou mais um pouco de dicuada e misturou bem, deixou pegar mais uma boa fervura.

Era uma tarde bem quente e Julia estava derretendo de calor. Tinha o cuidado de não tomar água e nem mexer com coisa mais fria. Teria que aguentar firme o calor da tarde e do fogão. Seus cabelos estavam grudados, sua pele morena clara brilhava com aspecto engordurado. Não era uma figura bonita ou agradável de se ver. Mas já estava quase no fim.

Depois de pronto, ela puxou os paus e deixou esfriar para endurecer e aí, ainda meio morno, ia fazendo as bolas na palma da mão e enrolando na palha de milho. Guardou tudo num girau, na cozinha. Pegou a grande panela, levou para o córrego, procurou um lugar firme, onde pudesse deixá-la de molho. Resolveu deixar lá porque já estava tarde e as crianças estavam impacientes, pensou que no outro dia bem cedo a panela estaria mais fácil de lavar.

Foi um sacrifício fazer o sabão e vigiar os filhos. Não paravam quietos, uma correria que Julia até perdia a paciência. Nelson foi cedo para roça e levou o seu almoço.

De vez em quando uma das crianças gritava pedindo alguma coisa para Julia.

— Estou acabando, tenham paciência.

— Mãe, quero comer — um menino reclamava.

— Quero sair, quero cajá — dizia o caçula.

— Mãe, está na hora de papai chegar.

— Vão para dentro cambada e calem essas bocas barulhentas, estou ocupada, não posso deixar a panela sozinha. Mais um pouquinho e já vamos jantar.

E Julia demorava, e demorava. As crianças choravam, gritavam.

Quando tudo ficou pronto, subiu o barranquinho do córrego, onde deixou a panela e tomou um banho rápido ali mesmo. Foi para dentro atender a criançada, deu banho de bacia em cada um e os colocou sentados no banco da cozinha. Acendeu o fogão a lenha com as panelas que já estavam em cima da chapa; era somente para esquentar. Nelson chegou da roça e já veio limpo, pois passou no córrego e tomou seu banho, gostava de fazer isso, embora vestisse a mesma roupa, que Julia chamava de fedorenta. Naquele dia ele veio depressa, pois a chuva não tardava e estava escurecendo rápido. Nuvens grossas cobriram rapidamente o sol do entardecer.

E ele chegou cantando:

— *Chuva choveu, goteira pingou, pergunta à papuda se o papo molhou. Chuva choveu, goteira pingou, pergunta à papuda se o papo molhou.*

Naquele finzinho de tarde todos estavam alegres, a temporada das chuvas acirrava e as crianças gostavam de ver os pingos caírem da cobertura de palha.

— Mãe, começou a chover mais forte, olha a biqueira está fazendo um rio.

Era quando as gotinhas das biqueiras, ao caírem, formavam as pontinhas dos ferrinhos do guarda-chuva. Naquele momento ainda dava para ver o dia, mas este estava morrendo rápido, engolido pela escuridão. O dia ficou mais curto, as nuvens negras vieram acabando com os poucos raios de sol.

A noite veio rápido e escura. O que clareava agora eram os raios dos trovões que sem quase nenhum intervalo vinham seguidos do barulho atemorizante. As crianças se encolhiam todas e levavam as mãos aos ouvidos, tampando-os. E Julia falava baixinho:

— Nelson, está trovejando e ventando muito. Estou ficando com medo.

Jantaram e ficaram por ali mesmo reunidos em torno do fogão, Nelson sentado no pilão caído, Julia de pernas cruzadas, as coxas servindo de travesseiros para os dois meninos, a menina sentada num caixote olhava as brasas que se cobriam de cinzas. A cadelinha foi se chegando de mansinho, como quem não quer nada. Sentia frio e estava com medo dos relâmpagos.

— Sirigaita, você é folgada. Vai para fora — dizia o pai.

— Folgada. Folgada — o menino menor repetia.

— Deixa ela ficar pai, lá fora está frio e chovendo — a menina falou.

A cadelinha abanou o rabinho parecendo entender. Levantou-se, rodou, rodou e se deitou perto das pernas de Julia. Estava um frio medonho, as goteiras pingavam lá fora, o vento sacudia os galhos das mangueiras e o pé de cajá-manga balançava numa dança graciosa, seus galhos pareciam querer se soltar do tronco e cair em cima da casa.

O barulho do rio a encher era como uma cachoeira distante. E a mata parecia estar sendo arrastada por um ser gigante. Ficaram mais um pouco ali encolhidos, pensativos, ouvindo somente o barulho do trovão, da chuva e a respiração de cada um.

Foram dormir mais cedo. Nelson estava muito cansado, pois antes da chuva, depois de lidar na roça, saiu para abrigar os animais, olhar como estava o paiol. Ajeitou um pau, aqui outro acolá. Julia nem se fala, seu dia foi muito cansativo na preparação do sabão, mas valeu a pena, rendeu bastante, poderia até vender para os compadres. Ela agasalhou os filhos, olhou se não tinha goteiras e foi se deitar também, antes teve o cuidado de apagar as lamparinas.

— Parece que vai chover a noite toda — Nelson falou, tirando as botinas e se deitando ao lado da mulher.

Julia olhava pelas frestas da pequena janela. A noite chegara mais cedo por causa da chuva que começara pelas bandas do córrego, ventos e trovões conversavam no céu. Os relâmpagos davam às trevas a luz do dia. Após um clarão demorava um pouco para o barulho acontecer e Julia estremecia ao lado de Nelson.

— Nelson, escute os trovões, não são medonhos? Parece que Deus está anunciando aos homens a hora final, o fim do mundo. Será que vai ser o nosso fim?

— Que bobagem, mulher, o mundo não vai acabar com esta chuvinha, além disso, o mundo não acaba, quem acaba é as pessoas. Vamos dormir que estou muito cansado da lida.

E Julia continuava de olhos abertos, observando tudo. As crianças reclamaram um pouco:

— Mãe, estou com medo.

— Estou com frio.

— Mãe, a casa vai cair.

Cada um tinha que falar alguma coisa, mesmo que não fosse nada verdade o que diziam. Logo pegaram num sono profundo, não se importando com o perigo.

Riscos luminosos de relâmpagos clareavam o quarto. E o vento bafejava, os matos dançavam e o cheiro da chuva avisava que estava caindo um toró dos grandes. De repente Julia grita:

— Nelson, Nelson. Você já dormiu?

— O que é, mulher, vai dormir, estou muito cansado, você está com medo de chuva? Só faltava isso agora.

— Nada disso, deixe de ser besta, é que a panela em que fiz o sabão ficou lá no córrego e se der enchente ela vai rodar. É a panela da tia Lala, o que eu faço agora?

— Não vai me dizer que você quer ir buscar a panela neste temporal. Pode tratar de ficar quieta e dormir, ninguém vai sair na chuva.

— Pensei que você pudesse ir lá.

— De jeito nenhum, vou nada. Ela não vai rodar. Amanhã, se ela não rodar, a gente pega e depois vamos à cidade devolver a panela.

— Agora não consigo dormir, estou preocupada com a panela.

— Deixa para pensar amanhã.

Julia estremeceu quando os pingos começaram a respingar em cima deles. Pensou na panela da tia. O córrego vai encher, a panela vai rodar. Virou pro lado, virou pro outro e nada de conseguir dormir. Demorou para pegar no sono e, quando este lhe roubou, Julia teve muitos pesadelos.

Julia sonhou com a panela, se viu na chuva procurando, gritando, toda molhada, a enchente apareceu carregando troncos e animais mortos, ela viu a panela e correu, caindo de cara para cima com grossos pingos lhe molhando toda. Julia despertou quando uma grossa goteira começou a cair em seu rosto.

— Nelson, você tem que arrumar estas palhas, está goteirando, elas tão velhas e ressecadas.

Nelson roncava tranquilo, sem medo, muito descansado.

Julia pegou novamente no sono, mas, no meio da noite, foi sacudida por um barulho horrível, que veio reboando pelo espaço, correndo pelas quebradas dos morros ali perto, o mais forte daquela noite, clareou repentina e rapidamente a casa de palha. Ela se sentou na cama com um barulho terrível de árvores se quebrando ao vento. Parecia que a natureza estava limpando o terreno, tirando as árvores e aplainando tudo.

— Meu Deus, acho que nossa barraca vai também. Acho que caiu algum pé de fruta, o raio lascou algum pau por aí.

Julia teve a impressão que o raio tinha caído dentro de casa. Levantou e foi olhar as crianças, todos dormiam. Voltou para cama, ajeitou uma caneca embaixo da goteira e dormiu.

Quando acordou bem cedinho, as galinhas já entoavam o musical matinal pedindo comida. Nelson levantou e foi olhar os prejuízos da chuva, Julia tentou acender o fogo, mas a lenha estava toda molhada.

— Ainda bem que tem leite fervido e poderei dar para as crianças com um pouco de farinha, quando eles acordarem famintos feitos bezerro amarrado — ela falou consigo mesmo.

Nelson voltou e, pela cara, a tempestade tinha causado muitos prejuízos.

— A metade do pé de cajá-manga desceu na enchente, ficou uma galha no terreiro e um tronco lascado. O pé de abacate está inteiro. De um pé de goiaba só ficaram as raízes. Uma galinha com os pintinhos eu não achei, e isto quer dizer que mais animais se foram, Julia.

Nelson falava com uma tristeza estampada no rosto. Não era de reclamar, principalmente como ele dizia, "as coisas do céu."

— O córrego está transbordando, mais um pouco d'água, ou horas de chuva ele chegava até a cozinha, mas graças a Deus, parou logo. Ah, mulher, e sua panela deve ter ido também.

— E agora, como vou devolver a panela?

— Vou ter que comprar outra. Já não chega as nossas dificuldades. Você continua desligada e distraída demais mulher. Porque foi deixar a panela no córrego?

Neste momento aquela desagradável conversa foi interrompida pelas crianças que acordaram. Julia deu um pouco de leite a cada um. Com muito esforço acendeu o fogão, colocou uns gravetos finos, assoprou enchendo as bochechas magras. Uma pequena réstia de labareda tremeu, elevou-se junto a uma fumaceira terrível devido à lenha molhada invadindo a cozinha; as crianças ali perto tossiram. Julia abanou e conseguiu fazer a pequena chama se firmar. Com muito esforço fez o almoço daquele dia.

Depois do café, Julia descuidou da gurizada, eles escaparam e foram olhar o pé de cajá, lascado pelo raio. O quintal estava com o terreno mole, barro e areia. Parecia a beira do riacho.

— Olha tem cajá-manga, vamos pegar. Mãe, tem cajá-manga, pode pegar?

A galha carregadinha de cajá-manga, quase maduro, estava no chão.

— Vou pegar todos. Estão verdes, mas a gente pode comer alguns, e guardar os outros para madurar.

E comeram cajá até desbotar os dentes. Julia guardou as frutas.

Mais tarde o pequeno Rubinho queria mais cajá-manga e começou o berreiro.

— Vai buscar cajá verde lá na ladeira pra mim, vai. Vai buscar cajá verde lá na ladeira pra mim, vai — e repetia entoando numa lamuria, sem parar. Parecia uma música de lamentação.

— Não vou, você tomou mais leite e pode fazer mal — respondia a irmã.

E ele continuava:

— Vai buscar cajá verde lá na ladeira pra mim. Vai.

O menininho pedia sem parar.

O menino do meio chamado Nilton era mais quieto, calado. Gostava de brincar com paus que ele encontrava pelo caminho da roça, fazia que era uma faca, ou um facão, arapuca. Ele observou a insistência do menor pedindo cajá e foi buscar, na intenção de ver o irmão calado, sem choro.

Neste dia eles nem almoçaram direito por causa dos cajás que comeram. A dor de barriga foi na certa.

— Ai, minha barriga dói — dizia o pequeno que comeu mais cajás.

— A minha também.

Julia preparou purgante para todos os três com óleo de rícino que Nelson trouxe da cidade. Ficaram de cama tomando chá de uma erva chamada de porrete. Sirigaita acompanhava tudo tristemente sentindo falta das peraltices das crianças. Bem que ela tentou brincar sozinha, mas viu que não tinha nenhuma graça, procurou um cantinho mais quente na cozinha e deitou toda enroladinha.

# CAPÍTULO 9
## Garimpagem

Certo dia, Nelson e as crianças desceram o barranco, no fundo da casa, e foram ao riozinho para apanhar água. Ele levava dois galões de lata de querosene com alças e as crianças umas vasilhas pequenas feitas de cabaças, porque elas não davam conta de quase nada. Nelson descansou sentado numa piçarra enquanto as crianças tomavam banho.

Julia ficou em casa com o menor para fazer o jantar. Mas recomendou muito:

— Nelson, você não tira os olhos desses dois, viu? Não deixa saírem de perto de você.

E enquanto as crianças tomavam banho na água rasinha e cheia de areia e cascalhos fininhos, o pai aproveitou para observar os pedregulhos nas margens do riozinho. Mas as crianças logo vieram atrás, querendo saber das coisas.

— Pai, o senhor já pegou muitos diamantes?

— Alguns, bem pequenos.

— O meu pai, sim, pegou um grande, mas trocou por um batelão e gastou o resto. Foi rápido. Não soube aproveitar. O valor do diamante dava para comprar uma bela fazenda, mas não pensou muito e o dinheiro do diamante se foi.

— O que é um batelão? Quis saber a menina.

— É um barco a remo, usamos para vir para o estado de Goiás.

— O senhor garimpou muito, como sabe que aquelas pedras têm valor e como a gente acha?

— Vocês ainda não entendem as coisas do trabalho no garimpo, mas vou explicar assim mesmo.

E Nelson se imaginava conversando com pessoas adultas, recolhendo-se nas lembranças de tudo que passou e viveu nos garimpos. Sonhava acordado, revivendo as histórias dos muitos garimpeiros, de cabelos brancos, mãos enrugadas e calejadas. Homens com seus olhos ainda brilhantes, contemplando a imagem das épocas em que os diamantes afloravam no cascalho e eram achados nas aluviões dos rios e córregos com facilidade. Em outras regiões já se começavam a cavar a terra, desbarrancar as margens de um rio, surgindo os pequenos garimpos, com o sistema de garimpagem mecanizado.

A maior parte dos diamantes agora estavam em bancos, casas de leilões, cofres de senhores ricos, outros esperando ser encontrados pelos garimpeiros.

Os garimpeiros sem sorte e sem condições de trabalhar agora vagam pelas ruas, bêbados e pobres. Com trabalhos humildes, varrendo ruas, ou em roças, como Nelson agora. Um serviço qualquer, pesado, mas que eles trocariam pelo serviço sofrido, quanto o derrubar de um terreno promissor de diamantes.

O sonho, estes não morrem. Quando se deitam em suas miseráveis camas, sonham desejando trocar suas vidinhas simples de agora por um trabalho incansável nos garimpos. E Nelson continuou sonhando com os rios, paisagens, pássaros e diamantes, explicando em voz alta, como se as crianças pudessem entendê-lo.

— Se o garimpeiro encontra o lugar onde possa estar os diamantes, deve preparar o terreno na margem, um local sem barrancos, limpar e socar, deixando a terra nua e bem plana. O garimpeiro separa o cascalho valioso que são as pedras maiores. É um trabalho de arte. A arte de garimpar diamantes é difícil e trabalhosa, demandando muito tempo e paciência — dizia a si mesmo. — Primeiro vem a fase em que as pedras médias indicam o rastro da preciosa pedrinha, pelas formas e cores de outras pedras próximas. São as pequenas pedras ornamentais, coloridas, e até escuras. E o trabalho prossegue numa árdua rotina. Uma peneirada ligeira e um olhar mais que esperançoso, e, se há diamante neste cascalho, ele surge como um raio no rodopiar da peneira e, às vezes, causa até risco de luz, cegando os olhos. É uma coisa muito bela de se ver. É descoberta no ato, porque ela não se iguala a nenhuma outra pedra do lugar. O brilho de um diamante é inconfundível. Se for grande e parar nesta peneira, significa que a sorte está te presenteando.

E Nelson continuava, como se representasse ali, naquele palco da natureza, para os filhos e os pássaros, o processo da garimpagem.

— Se ainda vazar para a peneira fina, indica o caminho de sua felicidade, porque virão outras. Na fase seguinte, na penúltima peneira, o olhar deve ser de falcão atento. O que restou deve ser peneirado dentro da água. Primeiro na peneira grossa, de aço, especial. O tamanho dos furos impede que as pedras maiores vazem para a peneira de baixo, a mais fina. O garimpeiro descarta novamente as pedras maiores, mas tomando o cuidado de verificar se nenhum diamante grande ficou lá.

Depois da explicação, Nelson parecia cansado, respirava profundamente. As crianças os chamam para a realidade.

Os filhos não conseguiam prestar muita atenção naquela conversa. Mas de vez em quando a menina perguntava.

— E daí, pai, aparecem os diamantes? Pai, olha esta pedrinha, é diamante? — Mostrou ao pai uma pedrinha brilhante.

— Deixa-me ver, deixa eu ver — falou o menino.

— Não. Não é um diamante. É uma pedrinha de cascalho, não vale nada.

— Pai, como é que o senhor sabe tudo isso?

— Porque já trabalhei muito nos garimpos.

— E o diamante, pai? Cadê? — perguntou o menino curioso.

— Acho que tudo tem seu dia e sua hora. Um dia vou bamburrar e pegar um baita diamante — comentou, cheio de esperança.

— Pai, o que é bamburrar?

— É o que um dia vou fazer, vou pegar um diamante precioso, achar uma pedra de grande valor, ficar rico, mudar a nossa vida, mudar para cidade e colocar vocês numa escola.

E ele pensou: *"meu pai era um garimpeiro lá no Pará, bamburrou, pois encontrou um grande diamante naquela frente de trabalho, mas de nada adiantou ele não soube investir."* Uma expressão de tristeza tomou conta dele.

Chamou as crianças depois de terem se banhado bastante ali no córrego.

— Vamos para casa. Está tarde e sua mãe está com a comida pronta.

E subiram a ladeira rumo à casa.

Às vezes faltava o que comer e Julia tinha que improvisar para fazer render e não deixar as crianças com fome. Aprendera muito com a madrinha Zica. Cortadinho de mamão verde, caruru e broto de abóbora, caldo de osso ou de feijão engrossado com farinha de mandioca ou de milho, quirera de arroz. No desjejum, ela cozinhava abóbora ou mandioca e misturava com leite. E, para adoçar, usava rapadura, mel de abelha ou melado de cana. Quando tirava o polvilho da mandioca ralada, tinham o beiju ou tapioca. Tudo era aproveitado, pois as crianças estavam sempre com fome.

— Mãe, quero comer. Mãe, estou com fome.

Chegaram em casa e encontraram Julia cantando com o caçula no colo:

— *Se esta rua, se esta rua fosse minha, eu mandava, eu mandava ladrilhar, com pedrinhas, com pedrinhas de brilhantes, para o meu, para o meu amor passar. Nesta rua, nesta rua, tem um bosque, que se chama, que se chama solidão, dentro dele, dentro dele, mora um anjo, que roubou, que roubou meu coração. Se eu roubei, se eu roubei, teu coração é porque, é porque te quero bem, se eu roubei, se eu roubei teu coração, é porque tu roubaste o meu também.*

Jantaram e Julia agasalhou todos num banquinho de caixote, na sala. A lamparina, com uma luz cambaleante pelo vento fresco da noite, dançava em cima de uma pequena mesa.

— Pai, conte história hoje. Conte. Têm estrelas no céu.

Aproveitaram para ir no quintal da frente da casa para olhar as estrelas.

— Pai, o senhor sabe quem pôs as estrelas lá no céu?

— Ah, Nelson, conte a história das estrelas que o Manezinho Bororo contou para você.

— Está bem. Vamos nos sentar nesses tocos, que vou contar, bem rápido, que está quase na hora de ir para cama. Antigamente, não tinha estrelas no céu. Na aldeia indígena as mulheres são quem preparam a comida, plantam mandioca e milho e os homens caçam, pescam e colhem frutas no mato. Uma vez o milho acabou e elas foram para a mata procurar milho e não encontraram. Preocupadas com a falta de comida, resolveram levar os bacuris para ajudar procura. Eles encontraram e levaram o milho para avó fazer bolo.

— O que é bacuri? — Julia quis saber.

— Bacuri são crianças na linguagem indígena.

— E o que aconteceu?

— Os bacuris comeram tudo. E ficaram com medo de suas mamães. Para não ser descobertos, fugiram para a mata. Quando as mães voltaram, ficaram com muita raiva das coisas erradas que os filhos fizeram.

— E os bacuris não levaram uma bronca? — perguntou o menino do meio.

— Eles pediram ao bem-te-vi que pegasse uma embira e amarrasse lá no céu para eles subirem. Com medo de suas mamães, os bacuris subiram. Mas as mães vieram correndo e cortaram as embiras, e eles não puderam mais descer.

— Tadinhos. O que aconteceu com os meninos? — Julia quis saber.

— Ah, viraram estrelas lá no céu. Quando vocês olharem e virem umas estrelas bem gordas são eles que estão lá a olhar as onças aqui na terra, porque dizem que as bravas mães dos bacuris se transformaram em onças bem bravas. E assim termina essa história.

Foi só a conta de Nelson terminar e já estavam todos dormindo, um encostado no outro e o pequeno no colo de Julia que cochilava no ombro do marido. Era um quadro lindo de se ver. Embora com muita pobreza, eles conseguiam se amar e amar os filhos.

A gurizada amanhecia com a barriga vazia. Parece que o que comiam à noite virava pó.

— Agorinha vocês comem. Estou fazendo mingau de fubá de milho com água, porque hoje não tem leite. Tem ovos também.

— Vou colocar nos pratinhos. Mas vocês têm que esperar esfriar.

As crianças corriam atrás da casa na intenção de fazer o mingau esfriar mais depressa. Corriam muito e talvez por isso tinham tanta fome. Corriam em volta da casa, que era de chão batido e bem limpinho.

— Está frio o nosso mingau?

— Não.

E corriam mais.

— E agora, esfriou?

— Ainda não.

Parecia uma divertida brincadeira.

— Agora, sim. Podem vir comer.

Na hora do almoço lá estavam elas novamente, querendo comer.

— Mãe, estou com fome.

— Meu Deus, nada enche vocês. Parecem lima de amolar facão.

— Eles estão crescendo, por isso têm tanta fome — Nelson defendia —, deixa-os comer enquanto têm.

O pai procurava vir da roça na hora do almoço, e quando não dava para vir Julia levava sua marmita. Sentados em bancos na cozinha, na hora do almoço, Nelson falava:

— Ano que vem vamos mudar para cidade. Vocês têm que ir para escola.

— Tenho medo de voltar para cidade, Nelson. Aqui é tão tranquilo, tem comida para os guris. E lá o que vai ser de nós?

— Vou continuar na roça, Julia, e quando sobrar tempo quero garimpar.

— Ainda têm diamantes? — Julia ficava apreensiva.

— Tem bastante diamante, basta ter a tralha ou se achegar aos donos das terras trabalhando como meia-praça. Os donos dos garimpos são os que ganham mais.

Julia, mas uma vez, desconfiou que estivesse grávida. Mais um filho. Seria o quarto. Sabia ela que o que mais preocupava a madrinha era de ela se encher de filhos.

— Nelson, nós vamos ter mais um bebê — disse ela ao marido, sabendo que este ia ficar preocupado também.

A vida deles não era fácil. Correr todos os dias atrás da comida. Era fatigante. Mas era a vida deles. Comiam o que tinham.

— Tem certeza, Julia?

— Como que não tenho, as roupas tão tudo apertada.

— Eita, e agora? Mais uma boca.

— Sou boa de leite, se não tivesse tirado o menino do peito estava até agora pendurado, sem comer comida. E agora por causa disso, estou prenhe.

— Deus é grande, ele dá o "frio conforme a coberta" — disse Nelson, feliz e pensativo.

— Verdade. Onde come um, comem dez.

— Dez é muito para nós. Acho que não dou conta.

Quando a chuva era pouca a colheita não era boa. Nelson plantava apenas para o sustento da família, e a parte do proprietário da terra, que sempre levava a maior. Descontava as ferramentas, machado, facão, cutelo, enxadas e até as limas que Nelson usava para afiá-las. Naquela semana, ele teve que ir à cidade para acertar com o dono das terras, o senhor Ibraim Alves.

— Seu Ibraim, vamos acertar — dizia Nelson.

E os dois, horas e horas somavam e discutiam com a caderneta de anotações, sentados nas cadeiras de fios na casa do dono da terra.

— Tudo certo, Nelson. Vou continuar mandando o leite para as crianças. Cuide das cercas e fique de olho naquela onça que ronda por lá. E do outro lado do córrego tenho um gado, vê as vacas prenhes também.

— Preciso de mantimentos, seu Ibraim — disse Nelson timidamente. — Açúcar, querosene e café para torrar.

Lembrou que Julia pedira um agulheiro, uma tesoura e um carretel de linha branca. Ela gostava de remendar as roupas das crianças, e pregar botões nas camisas de Nelson.

— Ah, aqui tem uma caderneta, pegue lá no bolicho do seu Adauto tudo o que precisar e mande anotar para descontar depois.

Nelson passou pelo armazém, colocou tudo no saco de estopa. Arrumou no lombo do cavalo que ele chamava de Branco e partiu para casa, pensando que tinha feito mais dívidas e ficou preocupado, pois quase tudo que plantasse ficaria para o armazém.

Eram meses trabalhando, pelejando, sozinho naquele lugar. Os filhos crescendo, precisando de roupas, remédios. Nelson ia galopando devagar e falando consigo mesmo.

— Ah se eu um dia pego um grande diamante, como meu pai. Eu ia embora pra cidade, ou comprava uma fazenda de gado. Coitada de Julia, quer uma casa na rua, mas tem medo de passar fome com os filhos. Eu comprava uma casa para ela e colocava os guris na escola. É, se Deus quiser, quem sabe um dia ainda, pego um diamante avultado, vendo na cidade, e as coisas se arranjam. Daí podemos até ir para Conceição do Araguaia, ver a minha mãe, os irmãos.

Nelson ia falando achando que seu cavalo pudesse ouvir. Por vezes até achou que ele concordava com seus sonhos porque parecia que balançava a cabeça, quando Nelson finaliza uma fala, perguntava:

— O que você acha, Branco?

Voltavam para casa num galope lerdo. O cavalo parecia concordar com ele, ia devagar, balançando o rabo para espantar as moscas. E Nelson sem pressa deixava-se levar pela vagareza do animal. Atravessaram a cidade, pegaram a estradinha de areão fofo na linha do telégrafo. A estrada era larga e margeada por um terreno de terra seca coberto por uma vegetação de pequenas árvores, dispersas em meio a um tapete de gramas bem verdinhas. Olhando tudo ele contemplou pequenas árvores frutíferas como a quina, a guavira, cajuzinho e marmelo, do pequeno. Em algumas épocas, dava para colher algumas frutas.

— Branco, pare, amigo, vamos descansar um pouco debaixo dessa lixeira.

Nelson parou e caprichou num cigarrinho de palha, escorado numa rocha de arenito, tão molinha que derretia debaixo de seu corpo. Colocou o chapéu no rosto para tapar os raios de sol.

— É, Branco, a vida não é fácil, tenho filhos, mulher, mas não tenho terra, não tenho nada.

Nelson se levantou, soltou as rédeas do cavalo e caminhou mais para dentro da matinha, onde pôde contemplar pequenas árvores de troncos torcidos e recurvados, de folhas grossas, esparsas em meio a uma vegetação rala e rasteira, misturando-se, às vezes, a campos limpos ou matas de árvores não muito altas, que pareciam com eles fazer parte de um lindo quadro.

Nelson catou uns cajuzinhos e algumas quinas para as crianças, eram ótimas para inflamação, catou também semente de sucupira. Ao voltar para a estrada, o cavalo estava tranquilo e descansado.

— Meu amigo, vamos em frente.

Nelson montou no cavalo e os dois seguiram viagem por uma estrada de terra vermelha, num galope mais ligeiro, ele queria chegar logo, e debaixo daquele sol escaldante sentiu sede e lembrou que o cavalo já estava há quase um dia sem tomar água. Mirou o horizonte à sua frente e divisou ao longe umas árvores de um verde mais escuro.

As densas florestas de palmeiras, estreitas, avisavam que margeavam um curso d'água. Galopou até o pequeno riachinho, chamado Mateirinha, que cortava o caminho, que eles percorriam todas as vezes que iam à cidade. Nelson sabia o trecho de cor, cada curva, elevação e os arvoredos.

Apeou do cavalo e bebeu água fresquinha embaixo de uma árvore, cujos galhos abaixavam-se na corredeira, talvez para se refrescarem. Puxou a corda do animal fazendo com que ele chegasse perto da água, que sofregamente absorveu. Ficou parado olhando o cavalo, muito feliz tomando água, parecia querer entrar ali de corpo inteiro, tal era o calor daquele dia. Nelson sentiu o estômago roncar.

— As tripas deram sinal de fome. E você, Branco, está com fome também, meu velho?

Com um suave relincho o cavalinho parecia responder que sim.

— Então pé na estrada, temos que chegar logo, senão as tripas pequenas engolem as grandes.

Nelson chegou em casa após uma boa caminhada. A criançada acudiu correndo para ver o que o pai trouxe. A cadelinha chegou também, pulando em todo mundo, cheirou-o, lambeu suas mãos e sentou-se quieta.

— Julia, arrume tudo com cuidado, trouxe querosene, açúcar, sabonete e café.

— Hum. Que bom! — Julia gostou daquele cheirinho suave. — Nelson, trouxe balas? E as coisas de costura, você trouxe?

— Sim, está no outro embornal.

Foi uma festa. Ele não parava de contar sobre a viagem, sobre mais uma dívida que acabara de fazer. E as crianças felizes lambiam os beiços chupando as balas.

— Pai, e o picolé? — procurou o menino do meio. — O senhor trouxe?

— Ah, menino, como eu poderia trazer, o bicho some assim que sai do bar, vira água pura.

Naquele dia, eles almoçaram tarde, arroz, feijão, abóbora madura refogada e farofa de ovo caipira, que Julia caprichou para esperar o marido. O arroz e o feijão não faltavam, mas a carne, esta sim era rara. E se contentavam com as de caça que Nelson trazia de vez em quando, algumas galinhas, ou quando se faziam o mutirão para matar porcos gordos. Tinham sempre alguns peixinhos, lambaris, piau-sul, amarelão que ele pegava no Barreirinho ou comprava dos indígenas bororos.

Na colheita do milho verde, era uma fartura, festa mesmo. Os vizinhos se reuniam para fazer pamonhas, curau, cuscuz e bolo de milho.

E naquele sábado, foram para a casa de Seu Pernambuco, um pequeno sitiante a uma légua de distância, como foi combinado na semana anterior. Outros vizinhos também foram convidados. E todos ajudariam a colher milho verde, fazer pamonha e farinha de mandioca. As crianças eram as que mais gostavam do passeio. Comeriam muito, e tinha outras crianças também.

Assim que chegaram, as crianças correram a se encontrar com uma gritaria que só. Os meninos para um lado chutando uma bolinha de meia. A filha do seu Pernambuco com Alenir e mais uma menina de outra vizinha.

Chegando no lugar, Julia observou tudo com muita curiosidade. A casa era grande, branca e antiga. Em sua frente havia um pátio quadrado de terra batida bem limpo. À esquerda havia um pomar de laranjas, mangas e goiabas. Ali, noite e dia corria uma fonte de água que percorria umas canaletas de madeiras indo direto para a cozinha. À esquerda era o jardim de bem me quer todo colorido, com seus bancos de madeira.

Em frente aos bancos, do outro lado do pátio, ficava uma grande latada de maracujá. Um portãozinho pintado de branco que dava para a estrada, que Julia achou lindo.

A parte de trás da casa era virada ao poente. As janelas da casa, abrindo-se para os pomares e campos. E dali via-se o riozinho que atravessa a várzea verde e passava bem pertinho da casa, atravessando a matinha e ao longe os montes. A roça toda ficava logo depois do riacho.

Julia reparou tudo, gostava de ver coisas bonitas, principalmente a casa grande de adobe.

— Vamos subir nos galhos da goiabeira que é a mais baixinha.

As crianças deixando a bolinha, se espalhavam pelo pomar. As meninas maiores varriam o chão e brincavam de casinha. Bonecas de sabugo de milho, bruxinhas feitas de restos de roupas velhas, algumas panelinhas feitas de latas. A imaginação ia longe. Cavalos, bois, pássaros, onças, surgiam do nada.

A filha mais velha de Nelson, curiosa, entrou na casa olhando tudo com muita admiração. Uma menina atravessou a sala correndo.

— Venha ver minha bonequinha.

— Oba, quero ver. Sua mãe não vai brigar?

— Ah, que nada, ela está ocupada fazendo o almoço. Olha, que linda, não é? Quando a gente for embora para cidade vou dar ela para você.

— Que linda, Maria, vamos brincar?

Era uma boneca pequena de plástico duro. Toda vestidinha de xadrez azul, sapatinhos pintados nos pés e os cabelos já vinham desenhados na cabeça. Era muito bonita.

A menina, nunca tinha visto uma boneca assim. As suas eram de sabugos de milho e paus. Ficou encantada e pediu:

— Maria, você me dá a boneca agora? Por favor. Eu não tenho nem uma.

— Não, menina, minha mãe não deixa. Eu ainda brinco com ela.

— Ah, me dá. Você vai embora, me dá.

— Não.

— Me dá. Que eu te dou um diamante.

— Que nada, você não tem.

— Tenho sim, meu pai tem um picuá cheinho.

— Tem nada, já falei que não vou te dar minha boneca.

— Então não brinco mais com você.

— Por mim, não quero brincar mesmo.

A menina sentiu uma raiva tremenda, avançou na Maria, tomou-lhe a boneca e a jogou pela janela. Foi um berreiro. As mulheres vieram acudir.

— Foi ela, mãe, a filha da Julia que jogou minha bonequinha fora.

— Vamos procurar, não há de ser nada. Ela jogou pela janela, está lá fora.

Mas ninguém encontrou a bonequinha, ela tinha escorregado e caído bem na parte onde o riachinho passava, a correnteza certamente a levou.

Julia envergonhada ainda conversou com as meninas. Elas só choravam, uma por ter perdido a boneca, a outra por ter feito aquela maldade e levado bronca de todos. Depois de muita conversa voltaram às outras brincadeiras, corriam, gritavam e cantavam. Só pararam quando as mulheres gritaram:

— Molecadas, hora da boia, está pronta. Primeiro os menores. Sentem-se ali no couro de vaca. Os maiores podem ficar nos bancos. Criança feliz e calada só com a barriga cheia.

Era um alarido e só silenciava quando a colherada da comida entrava pela boca. Era um silêncio total.

Os adultos foram chamados para o almoço depois que os homens ralaram toda a mandioca para fazer a farinha. Antes do almoço as pamonhas já estavam cozendo em grandes tachos de cobre. E escalaram algumas mulheres para ficarem de olho.

— Tem pamonha de doce e de sal.

Depois do almoço as mulheres pegavam numa cantoria, num mais desentoado coral. Não faltavam as músicas sertanejas e de carnavais passados.

Do milho seco, retiravam o fubá, socando no pilão e peneirando. Do fubá, faziam um gostoso bolo assado em cima da chapa do fogão. Temperavam a massa do fubá com ovos e banha de porco, adoçando com uns pedaços de rapadura dentro de uma panela de ferro; em cima da panela um pedaço de lata com brasas do angico usado para cozinhar o feijão. O segredo era não deixar morrer o brasil, nem em cima nem em baixo, deixando os dois lados assar por igual. Era uma refeição e tanto com café quentinho. Também se fazia canjica e quirera, do milho seco.

Foi uma verdadeira festa. Tudo era bem repartido entre as famílias. Nelson aceitou ficar para o pouso, porque a noite veio rápido. As crianças se agasalharam num couro de boi, bem lisinho, com travesseiros de pelegos, na sala. As mulheres se ajeitaram num quarto em colchões pelo chão. Os homens em redes que foram armadas no paiol e na área da frente da casa.

Após o café da manhã, regado a leite, canjica e bolo de milho, todos estavam de volta para sua casa.

— Adeus, seu Pernambuco. Foi bom visitar vocês para este mutirão.

O almoço do domingo agora seria na casa de cada um.

Todos partiram com seus embornais e alforjes cheios. Julia sempre levou mais pamonha de doce, porque tinha mais filhos.

Voltavam para casa a cavalo. No lombo do Branco, as duas crianças amarradas e os sacos de pamonhas, farinhas e algumas abóboras. Julia também pegou pimenta malagueta para fazer conserva. O caminho não era muito longo.

Nelson, com o mais novo no pescoço, puxava o cavalo, distraído, conversando com Julia e não viu quando as duas crianças em cima do cavalo, foram despencando.

— Nelson, pare, olhe os meninos, caíram. Meu Deus.

— Mas será possível, que nem amarrados esta cambada se aquieta?

A sorte é que o caminho por onde vieram era de uma areia bem fofa e o cavalo parou imediatamente ao sentir a sua carga indo para o chão.

— E cavalo, você é muito sabido. Agora meninos vão chegar a pé.

Nelson os desamarrou, colocando no chão. Não estava muito quente, naquela manhã.

Uma hora depois, já estavam em casa. Na porteirinha da frente da casa, estava a cadelinha. De longe com um movimento de cauda disparou numa correria desejando expressar sua admiração aos donos. Chegou-se a eles em saltos curtos, ofegante, erguendo-se nas pernas traseiras pulando nas crianças, indo e voltando no caminho estreito, cheirou-os, lambeu-os e saiu em disparada rumo a casa, tomando frente do grupo, como quem ia olhando os perigos do caminho. Arqueada, corria, com a língua fora da boca.

— Ela deve estar com fome e sede — disse Julia.

A cadelinha tinha se transformado numa linda cachorrinha amarela, orelhas em pé e rabinho enrolado. Amada por todos. Corria atrás das crianças ou de qualquer bicho que se movia. E já havia caçado e acuado um tatu.

Ela era a alegria da casa. As crianças a adoravam.

— Vem cá, Sirigaita — e ela vinha toda sapeca.

— Deita, pega, finge de morta — ela obedecia.

— Sirigaita, Sirigaita, vem me procurar.

A menina mais velha se escondia subindo nos sacos de arroz que ficavam num lado da sala, tão magra e pequena, ninguém dizia que ela estava lá escondida. Mas a cachorrinha achava logo. Com seu focinho e orelhas arrebitados, com um faro aguçado num minuto lá estava ela num alarido sem fim, fazendo uma grande festa.

— Oh, minha fofinha, vem.

Mas no mesmo instante a bichinha como louca arregaçou as ventas, sentiu cheiro de algum inseto, cheirou o ar por um instante, localizou um ponto próximo e saiu em desabalada correria. Depois de alguns minutos voltou desanimada, triste, o rabo murcho, certamente não conseguiu a tal presa que farejou.

— Sirigaita, pega eu — dizia o menino e saía correndo e ela atrás. Logo vinha mordendo seu calção que já era todo rasgado.

À noite, a cadelinha ficava na cozinha, com todos, esperando algumas migalhas, até a hora de encontrar seu cantinho, parecia ouvir e entender o que Nelson cantava todas as noites.

Nelson gostava de cantar umas músicas apaixonadas. A cantoria parava quando todos pareciam cochilar e se entregar ao sono que devagarinho vinha roubar-lhes. Julia de vez em quando mexia no fogão, para atiçar as brasas e a crepitação dos gravetos provocava uma chuva de faíscas vermelhas que se apagavam no ar. Sirigaita olhava quieta, e, com sono, foi se retirando de mansinho para o seu cantinho embaixo da prateleira.

Durante o dia, Sirigaita corria atrás de pequenos insetos e até da caravana de bororo, que passava quase todos os dias em frente da tapera. Nelson não teve muito trabalho para ensinar a cadelinha a caçar. E ela não falhava nunca. Os preás que se cuidassem. Cada dia ou noite um bichinho teria que correr mais, lutando pela própria vida. Quando Julia ia ao córrego para esfregar a gurizada, Sirigaita não escapava do banho e quando ia os cinco, ficava mais divertido.

— Vem, Sirigaita, vem — Julia chamava a bichinha e a ensaboava com o sabão de dicuada até a espuma ficar branca. Depois a jogava num poço e ela saía nadando e tremendo de frio.

# CAPÍTULO 10
## Perdidas

A vida de Julia seguia num ritmo lento e contínuo. Acordar, alimentar as crianças, a cadelinha, lavar roupas e as vasilhas no córrego, fazer a comida.

Em determinado período do ano, o pessoal da Sucam, da Saúde, passava para vacinar as crianças e dar lombrigueiros e vitaminas.

— Suas crianças são as mais saudáveis, Dona Julia — eles diziam. — Não ficam doentes. Isso é a natureza. Aqui é um bom lugar para se morar. Eles têm que tomar os lombrigueiros e as vitaminas. E tem que ter cuidado com a malária. Se tiver febre por uns três dias, levem para a cidade.

As horas eram contadas pelo levantar e o pôr do sol. Nelson sabia de tudo. Observava muito a natureza. Ele sabia olhar as fases da lua. Dizia para Julia:

— Julia, a maioria das coisas que comemos, arroz, feijão, melancia, mandioca, deve ser plantada na lua crescente. É a melhor fase para plantar alimentos que comemos aqui na roça.

Na roça a rotina era sempre a mesma. Plantar, colher, se as estações fossem boas, cuidar dos animais. Nada se perdia. Tudo era aproveitado. Mel de abelha, castanha de coco, paçoca de carne, amendoim, farinha de mandioca e beijus. Julia e Nelson conseguiam sustentar os filhos com o que plantavam e colhiam.

Mas às vezes faltava comida. Tinham que se inventar misturas como um afogadinho de abóbora com farinha de mandioca, ou um arroz com mamão verde, ou mingau de fubá de milho. A vida era dura. Julia aproveitava tudo, cozinhava milho, fazia paçoca de amendoim que ela socava no pilão de madeira, acrescentava a farinha e a rapadura. O mingau de milho verde ou do fubá, era o que mais eles comiam. E quando não tinham o leite era somente com água mesmo.

— Mãe, eu quero meu mingau — falava um.

— O meu também.

— Eu quero com sal, mãe.

— Ai, ai, cambada, fica pensando que vou fazer os gostos de vocês. É mingau com água adoçado com rapadura. Coloquei uma pitada de sal, para dar um gostinho.

E eles comiam com gosto. Até a cachorrinha lambia os beiços com as raspas da panela que Julia tirava para ela.

Na época das frutas, fartavam-se com mangas, abacates e goiabas. A melancia também enchia a barriga da gurizada e faziam mijar mais ainda na cama.

Contavam muito com o convite dos vizinhos vez ou outra para mutirões das pamonhas, farinha ou até mesmo para fazer um serviço mais pesado, que precisasse de mais homens, daí ia toda a família.

De vez em quando vinham na casa de Nelson, tomavam água e café.

Seu Julinho tinha uma filha casada, da idade de Julia, chamada de Fia, e estava grávida, como Julia. Sua barriga era bem maior, porque era de mais tempo. Era o primeiro filho.

Um certo dia, Julia ficou sabendo de um lugar onde as bananas estavam se perdendo. Era em um sítio abandonado, um pouco longe dali.

— Nelson, a comadre Maria passou aqui ontem e falou que numa paiada lá na cabeceira do córrego Barreirinho tem muitas bananas maduras, e ninguém mora lá. É uma tapera abandonada, você bem que poderia ir pegar para nós. A comida está acabando, o arroz batido só dá para três dias.

— Não tenho tempo, hoje tenho que bater o feijão e ensacar. Amanhã vou à roça do compadre Badega. Os vizinhos vão fazer um mutirão para ajudar ele a consertar uma cerca e cuidar também do feijão. Só vão os homens. As chuvas não tardam e todo o mantimento tem que ser colhido e bem guardado. Depois a gente vê como vamos pegar as bananas. Além disso, é muito longe, e uma onça visitou esta noite o galinheiro de seu Julinho.

— Meu Deus, temos de reforçar o nosso, que está bem fraquinho. Se não, não vai sobrar uma galinha — disse Julia muito espantada.

Nelson pegou o cavalo, colocou os utensílios e partiu depois do café com farofa de banana. Julia continuava a sua labuta com as crianças. À tarde a vizinha, Dona Neném, e sua filha passaram em sua casa, chamando-a para irem buscar as bananas. Julia estava decidida a ir, mas tinha medo.

— Vamos, Julia, as bananas estão amadurecendo e os bichos comendo, e os bororos também vão pegar tudo.

— E as crianças? Não posso levar os três. Nelson disse que tem onça por aí. — Julia argumentou para a vizinha — Elas comem bezerro, quem dirá duas brocadas que nem nós ainda por cima de barriga.

Julia agora tinha certeza ia ter o quarto filho.

— Não tem perigo, Julia, vamos levar a cachorrinha, ela é brava. Minha mãe fica aqui com as crianças. Fica, mãe?

Dona Neném não respondeu. Era uma senhora de sessenta e oito anos, bondosa. Mãe de seis filhos, três homens e três mulheres, todos casados. Fia era caçula, casada e sem filhos. Seu Julinho era o seu pai. Homem trabalhador e honesto. Possuía uma terrinha para lavoura ali perto. Ele era muito amigo de Nelson e para tudo que ele precisasse seu Julinho estava pronto para ajudar.

— Crianças. Venham aqui. Nós vamos pegar as bananas enquanto o pai de vocês está batendo o feijão no mutirão. Vamos demorar umas duas horas e voltamos antes dele. Está bem?

— Deixa eu ir, mãe, deixa — falou a menina.

— Nada disso, vão ficar todos aqui, nós vamos depressa, para a noite não pegar nós lá.

As crianças logo estavam se divertindo com a mãe da Fia no quintal, sentaram-se em um banco para ouvir suas histórias.

— Dona Neném, depois a senhora leva as crianças para dentro, feche tudo não abra para ninguém — disse Julia.

— Certo, vão, vão com Deus e voltem logo — ela dizia sorrindo.

Seu sorriso era bondoso e sincero. Muito branquinha, com cabelos grisalhos presos no alto da cabeça, com um coque trançado. Sua voz melodiosa atraía todos que com ela começasse uma conversa. Amava crianças e gostava de contar longas histórias. Ainda não tinha netos.

As duas saíram de casa com o sol a prumo, logo depois do almoço, cada uma com uma lata de querosene vazia, para trazer as bananas. Desistiram dos sacos de estopa, porque as bananas, estando maduras, chegariam todas amassadas.

Andaram por meia hora num campo plano e limpo, atravessaram o córrego Barreirinho. Passaram pela roça de arroz e a cachorrinha toda sapeca corria saltitando atrás de algum bichinho da mata.

Agora estavam andando por dentro de uma mata formada por pequenas palmeiras de cocos, e vegetação rasteira e o solo muito úmido.

E mais à frente das palmeiras, pararam no pé de mangaba.

— Julia, olha pé de mangaba.

E lá estavam as duas trepadas nos galhos tentando achar frutas maduras, mas desistiram, elas estavam pequenas e verdes.

— Não tem nada, hein, Fia, nenhuma mangabinha. Mas se avexe, não podemos demorar, senão fica escuro. Você viu a cadelinha? Ela desapareceu logo depois da roça de arroz.

E lá se foram as duas. Caminhando em silêncio por mais uma meia-hora, perceberam que subiam um pequeno morro, desceram a encosta de piçarra muito rosa, atravessaram uma aguada bem estreitinha e rasa, andaram mais um pouco e avistaram a paiada com uma casinha com a metade da cobertura caída ao chão.

Elas correram, como crianças quando chamadas para ganhar guloseimas. Os pássaros que estavam comendo bananas gritaram todos ao mesmo tempo e elas se assustaram.

— Quanta banana. Que desperdício, não mora mais ninguém aqui. Olha a tapera ainda está meio de pé.

Era uma choça de palha caindo aos pedaços e um emaranhado de trepadeiras já mortas se entrelaçavam em cima do que foi a cobertura. Curiosas, elas entraram no que sobrou da casa, mas com muito cuidado, pois estava tudo tão velho que podia desabar a qualquer hora. Um fogão de barro, uma tarimba de bambu, que se assemelhava a uma cama de casal, alguns bancos de paus comidos por cupins.

— Julia, quem será que viveu aqui? Será que tinham filhos?

— Vou lá saber, Fia. Vamos pegar as bananas logo. Olha estão madurinhas. Vamos encher as latas e voltar pelo mesmo caminho.

Cortaram os cachos amarelados, que estavam com as bananas um pouco duras e colocaram nas latas, com muito cuidado, as mais durinhas em baixo as maduras em cima. Era muito pesado carregar aquilo tudo. Suadas e muito cansadas as duas se sentaram sobre um toco de pau e devoraram algumas bananas. Começaram a conversar.

— Queria tanto saber quem morava aqui, o que faziam, que história viveram — Fia falava e examinava com um olhar triste aquela velha tapera. E continuava: — Imagino um casal que era apaixonado quando novos, vieram para cá, tiveram filhos, se desiludiram e voltaram para a cidade. A mulher descabelada, desdentada e sofrida. O homem acabado de tanto trabalhar. Os filhos foram para o mundo. E nem sobrou nada para ajudar a contar a sua história. Observe, acabou tudo.

A amiga dizia isso com um olhar perdido, triste e chorosa, apontando para a ruína do que fora uma casinha. Deu um longo suspiro. E Julia ralhou com ela:

— Mulher, deixe de conversa fiada, está sonhando, você nem sabe quem morava aqui, e vamos embora.

Elas olhavam o tempo e perceberam que ele que tinha passado e ficado muito tarde, faltava pouco para o sol se esconder atrás da matinha. Começaram a andar, agora pensativas e receosas. Apertaram o passo, mas as bananas estavam pesando cada vez mais. Carregavam as latas na cabeça, às vezes se abraçavam a elas para descansar os braços magros.

— Julia, nós passamos por aqui? Não me lembro deste caminho — perguntava a companheira.

— Pare com isso, Fia, acho que é por aqui mesmo — Julia sentiu uma pontinha de dúvida e se arrepiou toda.

As duas mulheres continuaram o caminho. Repararam que não saíram da mata, não subiu nem desceu o morro de antes. Julia parou e olhou. Subiram numa pequena elevação de onde dava para ver toda aquela parte por onde o sol, parecendo um disco dourado, acabava de se esconder.

— Julia, estou com muito medo — falava a companheira, apressando o passo.

— Daqui a pouco vai ficar escuro e têm cobras por aqui — alertava Julia.

No firmamento começara a aparecer pequeninos pontos brilhantes, as estrelas que foram se tornando mais visíveis à medida que a noite ia chegando. O medo tomou conta delas. Agora elas não falavam. O silêncio era a voz entalada em suas gargantas. Cada uma envolvida nos seus pensamentos, e este era um só: *estamos perdidas.*

— Fia, acho que estamos perdidas, vamos continuar andando até escurecer de uma vez. A gente vai conseguir achar o caminho de volta.

Elas não notaram, porque havia anoitecido, que estavam andando em círculos. Passaram no mesmo trieiro muitas vezes, dando voltas. Por vezes notava uma mesma cor de terra já escurecida pela noite.

Andaram uma meia-hora a mais e, num dado momento, sua amiga segurando a barriga, parou dura como uma estátua. Sua voz não saiu, não gritou. E ela apenas gesticulava, apontando o dedo indicador para frente. Da sua garganta não saía nenhum som, nada. Julia acompanhou seu dedo, mais apavorada ainda. E com os olhos esbugalhados, Julia olhou a cena. Ficou parada, e por um instante se balançou como quem ia cair em um desmaio ligeiro, mas se manteve em pé com o dedo em riste.

Logo à frente das duas, num local limpo, mas com uma pequena graminha, deu para ver pela pequena claridade do dia que ainda restava, um bezerro morto, ou melhor, os restos de um bezerro, ainda com sangue fresquinho.

— Ai, meu, Deus, ai meu Deus — Julia não sabia o que falar.

Logo veio o pensamento de que o pobre animal fora atacado por uma onça, talvez a mesma que Nelson falou que rondava a casa. Pensaram juntas que naquele momento seriam caçadas e comidas assim como aquele bezerro indefeso.

Paralisadas de terror, as duas encontraram força para se aproximar e tocar no bichinho, sentindo que ainda estava quente. O medo agora era o mestre e comandava as duas, ficaram paradas encolhidinhas e juntas, sem se abraçar, porque os braços não as obedeciam, caídos ao longo dos corpos magros.

A noite chegou e somente se ouvia o cantar dos grilos e o bater daqueles dois corações. Naquele instante elas não pensavam em mais nada, seriam a sobremesa da onça. Ficaram ali bem juntinhas, rezando e chorando em silêncio.

Não tinham noção do tempo que ficaram paralisadas de terror. Evitaram falar e até respirar com mais força, temendo que a onça as ouvisse. A calmaria da noite foi quebrada de repente por um rosnado bem conhecido das duas. As forças que ainda lhes restavam nas pernas foram embora e juntinhas foram se deixando cair, ajoelhando-se. Conseguiram se abraçar e ficar mais quietas ainda. Fecharam os olhos e esperaram o pior. Mas o pior não veio.

De vez em quando criavam um pouco de coragem e abriam os olhos. Tentando achar um caminho ou uma luz naquela escuridão.

— Fia, está vendo alguma coisa?

— Não, e você?

— Espera um pouco — respondeu Julia.

— Olhe bem para aquele lado, vai olhe bem. Parece uma luz de vela bem longe.

— Ai, meu Deus, que medo. Agora é uma assombração. Vamos morrer, vamos morrer — respondeu a amiga.

Julia não dizia nada, apenas observava e esperava. De longe por entre os galhos das árvores pensou ter visto um farolete. E com mais calma, puderam prestar mais atenção e ouviram vozes.

— Julia, graças a Deus, são eles, Nelson e meu pai — quase gritava a amiga, de tanto alívio.

Era Nelson e seu Julinho que, em meio à escuridão da noite, vieram salvar as duas mulheres desmioladas.

— Ai, graças a Deus. Eles vieram — exclamou Julia.

— Pai, aqui — falou a Fia.

— É, estamos aqui.

Trêmulas de medo não conseguiam sair do lugar. Foi a cadelinha que chegou primeiro pulando e cheirando as duas, numa alegria sem fim.

— Vocês não têm juízo, mulheres. Onde já se viu, sair assim, sem companhia de um homem. E ainda deixar os maridos viúvos. Seu marido ainda não chegou da cidade, Fia — disse o seu Julinho.

— Onde já se viu? Correram muito perigo. Achamos que a onça que roda por aqui já estava com a barriga cheia — disse Nelson assustado e nervoso.

Seguiram para casa. Seu Julinho à frente com a filha e Julia, Nelson e Sirigaita atrás, levando as latas de bananas. Julia logo pensou:

*"Nelson está de calundu e vai demorar dias para voltar às boas."*

Chegaram em casa e logo seu Julinho levou a filha e Dona Neném para sua casa. As crianças dormiam tranquilamente.

— Até amanhã, Nelson. Obrigado por tudo.

— Nada não, seu Julinho, agora vou conversar com Julia.

Nelson estava amuado.

— Julia, isso não se faz. Você não tem juízo, parece criança desmiolada. Você tem três filhos e vai logo ter outro.

— Eu sei que não fiz certo, Nelson, mas é que a Fia me chamou e eu fui com ela.

Julia jantou, olhou os filhos. Viu que o marido estava emburrado e não queria conversa. Ela foi se deitar bem caladinha, sabendo que o marido não lhe responderia se perguntasse alguma coisa. Ela o conhecia. Sempre dizia quando via que a cara dele não estava boa:

— Seu pai está de calundu.

Ainda por uns dias, Nelson continuava de cara fechada. Julia esperou que o marido voltasse às boas com ela. E viu que ele estava de bem quando chamou os filhos e ela para irem brincar no riacho.

# Cajá-manga

# CAPÍTULO 11
## Uma Noite de Luar

Às vezes Julia levava toda a cambada para roça, quando ia levar o almoço do marido. Mas não ficava muito por causa do sol quente e tinha que carregar o menino mais novo. No dia em que ela levou as crianças, estava um tempo bem fresquinho.

Na volta, vinham tranquilamente, com a cadelinha sempre à frente e logo depois as crianças. Estas corriam e voltavam, brincando no caminho de areia branquinha. Na caminhada de volta para casa, dava para ver a vegetação frutífera e apanhavam algumas frutas.

Julia subia nos pés de fruta, corria com as crianças, pisando nas cinzas dos paus queimados da roça, dava risadas porque faziam cócegas nos pés. Sempre depois da coivara, as cinzas ficavam branquinhas e ainda com o formato do pau que foi queimado. Era a diversão que tinham por ali.

E neste momento, na distração das brincadeiras, correndo daqui e dali, dão de cara com uma cobra jararaca, bem no meio do caminho.

— Mãe, mãe, uma cobra, ali no meio da estrada — falou a menina que ia correndo na frente de todos.

Julia gritou.

— Voltem, meninos, voltem, parem — e correu para afastá-los do local onde estava a peçonhenta. Enrolada bem no meio do caminho, inerte feita uma rudia de corda, dormia tranquilamente.

Julia ficou paralisada olhando para a cobra. Nelson ainda avisara para que ela tivesse cuidado e se visse uma cobra, não corresse e nem tocasse no animal, e observasse como era a bicha.

E Julia observou e viu que era uma cobra jararaca.

A jararaca tem o corpo marrom com manchas escuras e amareladas. Na cabeça, uma faixa marrom, indo por trás dos olhos. Ela estava de boca aberta e deu para ver uma língua preta e olhos da cor de ouro esverdeado.

Julia estranhou ela estar ali, porque a cobra vive em ambientes como o da beira do riacho Barreirinho, debaixo das folhagens secas e úmidas, onde também se encontram rato e sapos, seus pratos prediletos. Certamente veio para a estrada para ficar ao sol após a chuva. E ela lembrou de tudo o que o marido lhe ensinara sobre as cobras, pois moravam pertinho do córrego. Nelson dizia que o local tinha muitas cobras. Ele era prevenido.

— Se você não mexer com elas, não tem perigo. Se encontrar uma, mantenha a calma. Evite movimento bruscos, que podem fazer com que ela te ataque. Podem soar ameaçadores para a cobra, pode se assustar e ser muito agressiva. Não fique no caminho dela, pois você estará próximo de um bote.

Julia prestava muita atenção ao que o marido lhe ensinava. E ele continuava a conversa:

— Espere a cobra seguir seu caminho, sem tirar os olhos dela, até que vá embora. Fique de olho, porque ela também estará olhando para você. Cada um deve seguir seu caminho. Não cutuque, não jogue pedras, mesmo que a cobra não seja venenosa, ela pode te morder. E essa mordida pode virar feridas.

Julia não perdia uma só palavra do que ele explicava. Mas o que ela pensava mesmo é que teria que matar a cobra. Ela tinha tanto medo de cobra que obrigava o marido a matar todas que via e agora ela teria que matar a jararaca.

— Fiquem bem quietos. Ela é venenosa e pode causar um mal enorme em nós.

Julia agarrou os dois meninos, colocou o menor escanchado à cintura e disse à menina:

— Filha, fique aqui que vou levar seus irmãos, apanhar o machado para cortar um pau e matar a cobra. Olhe para onde ela vai, não mexa com ela. Fique aqui de longe.

A menina, mesmo tremendo de medo, ficou por ali bem quietinha esperando a mãe.

Julia voltou ofegante com uma vara de guatambu na mão.

— Pronto, deixei os dois em casa. Cadê ela? Peguei este cabo de enxada que o seu pai está preparando.

E lá se foi ela procurar a jararaca peçonhenta. Não encontrou. Olhou entre as moitas, mas a esperta estava bem longe dali.

— Desta vez ela teve sorte, mas ainda pego essa danada.

Chegaram em casa e Julia foi cuidar das crianças, preparar a janta. Ela sempre começava a fazer bem mais cedo, porque logo seu marido chegaria com fome, e a criançada começaria a gritar. De barriga cheia as crianças eram felizes.

Os meses foram passando. Julia notou que sua barriga cresceu muito naqueles dias e estava baixa e dura. Sentiu-se totalmente diferente, muito animada. Uma vontade maior de arrumar a casa, arear os alumínios.

Depois da história de ficar perdida e de ter quase virado comida de onça, ela tinha parado de fazer estripulias. Somente a correr atrás das crianças na areia do córrego, pisar nas cinzas de aroeira na roça, subir na goiabeira para pegar goiabas, bater na porquinha que toda manhã derrubava o penico de urina.

Todas as tardes Julia pegava as panelas e pratos e levava para arear no córrego, junto com a meninada. Adoravam descer para o riacho que era muito rasinho, não havia perigo para eles.

Quando sua barriga ainda não estava tão grande, ela ficava mais tempo aproveitando para refrescar e deixar as crianças limpinhas. Eles adoravam brincar na gangorra de cipó.

— Venha, não vou te soltar.

Era igual a um bichinho agarrado ao cipó, para lá e para cá, chorando e rindo ao mesmo tempo.

— Agora é a minha vez, sou eu, mamãe, me balança bem alto.

— Anda logo, guri. Mãe, ele não sai. Tira ele, mãe, tira — dizia a menina.

Julia lavou as vasilhas e as roupas. Arrumou toda casa, varreu o piso de terra batida.

Os dias assim transcorriam, nesta rotina maravilhosa. Naquela manhã a primeira coisa que fez logo bem cedinho, depois que Nelson saiu para roça e antes que a gurizada acordasse com fome, foi ir ao córrego, tirou um barro bem branquinho. Pegou uma bacia acrescentou mais água naquele barro fino e arenoso e fez uma espécie de lama. E com a mão passou no fogão, que estava enfumaçado e encardido. Seus filhos acordaram cedo e como sempre o menino do meio, reclamava:

— Mamãe, mamãe, pega eu, pega eu, mamãe. Quero leite.

Ele tinha uma mania que dava dó e raiva em qualquer cristão. Todos os dias era um chororô, uma reclamação.

— Já vou, menino, estou acabando de embarrear o fogão. Vou dar o tira torto para vocês.

Julia pegou o menino da cama, o levou para a cozinha e juntos dos outros dois comeram cuscuz com chá de capim santo adoçado com mel.

Quando terminou a arrumação do fogão, que ficou todo branquinho, ela preparou o almoço para si e para os três, porque seu marido havia saído cedinho, ainda no escuro, levando uma reforçada farofa de carne, e ficaria o dia todo. Comeram sentados nos banquinhos da cozinha. Sirigaita olhando e esperando a sua vez.

— Mãe, cadê o papai? — perguntava a menina.

— Já foi para roça — Julia respondia limpando o nariz do pequeno menino.

Um certo dia o marido avisou:

— Mulher, vou à cidade ver como está o lugar que vou fazer nossa casinha, pagar a prestação do terreno e conversar com o homem do cartório para passar os documentos para o meu nome. Aproveito para comprar um pouco de querosene e panos para o nenê.

— Está certo, Nelson. Você vai demorar? Volte logo. O bebê é para junho, mas sabe Deus, se ele não adianta, né? Como farei sozinha? Como avisarei alguém?

E Nelson respondia tranquilizando a esposa:

— Tenha calma. Não vou demorar, saio amanhã de madrugada, resolvo tudo e volto logo.

O cavalo branco comia o milho na gamela, bem tranquilo. Parecia saber que iam para a cidade. E na madrugada Nelson partiu, deixando Julia sozinha com as crianças, apreensiva e cheia de medo.

Depois do almoço, as crianças brincavam debaixo do pé de abacate. E Julia avisava:

— Cuidado, aí pode ter formigões ou cobras.

Durante o dia inteiro, Julia se achava muito pensativa. *"E se Nelson não voltar? Se ele tiver que dormir na cidade? Ainda bem que tem lua, fica tudo mais claro."* O medo de ficar sozinha no meio daquele mato era muito.

Às vezes ele levava todo mundo e ficavam na casa da tia Lala, mas desta vez não levou, o marido foi só. Julia estava bem barriguda. O tempo de ter o filho se aproximava.

Agora ela tinha mais medo ainda. Sensível pela gravidez, afirmava ter visto de tudo ali à noite. Luzes rodeando a casa, um grito triste e penoso de alguém dentro da mata, uivado de onça. Nelson explicava a ela:

— Julia, não tenha medo este é o canto da mãe-da-lua, um pássaro de mau agouro, mais conhecido como urutau, um pássaro raro. Aprendi que o urutau é um pássaro nobre pela forma como se protege dos perigos e dos predadores. Ele fica imóvel nos troncos secos, se parecendo com ele. Fica muito tempo até que o perigo passe — Nelson explicava. — O urutau aparece na hora em que a lua nasce e seu canto triste se assemelha a *"foi, foi, foi..."*. E o bater de suas asas parece o rasgar de seda, chamando também de *rasga-mortalha*. Também o chamam de *ave-fantasma* ou *alma-de-gato*.

E ela ficava com mais medo ainda.

— Não tenha medo, mulher. Ele não faz mal a ninguém.

— Como não ter medo de um bicho com esses nomes. Você acha que eu não devo ter medo de fantasma, pássaro agourento e onça? Você piora a situação.

— Deixa de ser medrosa.

— E você acha que vou acreditar nas explicações?

— É apenas histórias que os indígenas inventam para explicar as coisas da natureza.

— Era uma moça indígena muito bonita que se apaixonou por um guerreiro. Mas o pai dela não permitiu o casamento e matou o moço. Ela disse ao pai que todos na aldeia iam saber o que ele fizera ao rapaz. Então o pai, com medo, usou uma magia e transformou a menina num pássaro muito feio. Mas a voz da menina ficou com a ave, e à noite ele canta, dizendo eles que é a moça chorando pelo seu grande amor.

— Verdade, Nelson?

— É verdade, dizem que o pássaro seria a filha do cacique que perdeu seu grande amor. Por isso, ele teria o nome de *pássaro-fantasma*. Outros dizem que o canto da ave é um presságio ou aviso de morte de algum familiar.

— Chega, homem, já estou até arrepiada. Não gosto destas histórias. E você não ajuda — e Julia continuava: — Numa certa noite, ouvi um rosnado faminto de uma onça, de uma jaguatirica, que eu conheço muito bem.

— Sim, a jaguatirica é brava, de longe os animais domésticos, ao perceberem o perigo, fazem um alarido medonho. Elas caçam à noite e durante o dia costumam dormir em ocos de árvores e grutas. Suas garras derrubam todas as noites as telas dos galinheiros com as patas. Você lembra que já aconteceu aqui? — Nelson avisou.

— Tranque bem as portas. Não abra para ninguém. Não tenham medo. Onça não entra dentro de casa.

A noite chegou e Nelson não veio. Julia preparou água bem morninha para lavar as crianças, que, apesar de ter tomado um bom banho de bucha à tarde no riacho, brincaram muito na terra do quintal e agora precisavam tomar mais um.

Depois de limpinhos, jantavam à luz de uma lamparina, quase se apagando porque faltava o querosene. Sentados junto à mãe nos banquinhos da cozinha, eles pediram:

— Mãe, canta a musiquinha do beijinho doce.

— Não, eu quero a do Chico Mineiro.

— Negativo, é muito triste, então canta a do canarinho, mãe?

Alegremente ela começava a cantar, atendendo todos os gostos dos filhos, esquecendo, assim, as tristezas e os medos das onças, cobras e da luz assombrada.

Julia entoou aquela canção tão triste, até ver os olhinhos das crianças quase fechando pelo sono que vinha roubá-los, ia abaixando o tom de voz, toda carinhosa: *sono, soninho...* Sentiu os corpinhos amolecidos para logo caírem num sono profundo. Devagarzinho pegou um a um e os levou para cama, no mesmo quarto do casal.

Julia não conseguia dormir, parecia lhe faltar o ar.

A lua, que caminhava para outra fase, parecia sorrir para ela, iluminando todo o quarto pelas frestas da parede de paus a pique. Com a luz da lua entrava também o vento gelado da noite. Era um ar tão triste, apesar daquele luar doce.

Não havia estrelas por causa do brilho da lua. Julia sentiu frio. Vestiu um velho paletó do marido e se cobriu com uma coberta seca-poço. Virou de um lado, de outro. Levantou, foi à cozinha, tomou água da tália que ficava na sala. Deitou-se novamente com a mão na barriga, reparando que ela estava tão dura como uma melancia. A criança certamente dormia dentro de sua barriga quentinha, como pássaro no ninho. E Julia conversava sozinha, falava com ela mesma. Passou as mãos pelos cabelos, embaraçados e pegajosos:

— Está tão redonda que nem a lua cheia de uns quatro dias atrás de redonda e grande.

Levantou-se outra vez. Foi até à cozinha. A noite estava tão clara que nem precisou da lamparina. O quarto parecia dia. Os riscos da claridade da lua atravessando os paus a pique dava a impressão em alguns pontos de um pijama listrado.

Olhou a lenha no fogão e observou o lugar onde estavam os fósforos. Voltou, cobriu os dois meninos na caminha deles e a menina que estava em sua cama. Lembrou que no dia seguinte teria que se levantar bem cedo para dar conta do serviço. Cuidar dos animais, porcos, galinhas. Tirar o leite da única vaquinha que o dono da fazenda deixou para as crianças. Fazer um beiju para elas. Guardar todo o milho que estava no terreiro da frente.

Veio a noite, o frio, a claridade da lua, mas seu o marido não veio.

E pensou: "*ainda bem que não é tempo de chuva.*" Deitou-se novamente, pelejando para dormir. Fixou seu olhar nas folhas que faziam a cobertura da casa, todas muito bem amarradinhas.

A qualquer barulho, seu coração disparava. Pensou ouvir o canto triste e grave de um pássaro. Um arrepio percorreu-lhe a espinha. Seu marido tinha acabado de contar a ela a história do pássaro, alma-de-caboclo, alma-perdida, maria-caraíba. Aves de canto triste e agonizante se assemelhando ao gemido de um gato. Voam rápido e silenciosamente entre os galhos da floresta à procura de sua refeição. Estranhou seu canto, porque Nelson falou para ela que somente o urutau canta de noite. Era dele que Julia tinha mais medo e disse em voz alta:

— Meu Deus, é hoje que não vou conseguir dormir com este passarinho gritando que nem assombração. Quando Nelson está aqui, eu não tenho medo de nada, não escuto nada.

Ficou bem quietinha. Passou por um breve cochilo assim que o galo cantou. Ouviu as tias e as madrinhas dizerem que quando o galo canta toda assombração e perigos noturnos vão embora. Acreditava muito nisto e se apegou com todas as forças nesse pensamento e ficou aliviada.

Uma esperança nascia no seu coração, quando o galo avisava que o sol estava quase nascendo. E ouviu o galo cantar muitas vezes — coitado, não obtendo nenhuma resposta, pois o galo vizinho estava a seis léguas de distância, separado pelo córrego, e talvez não era hora certa de seu cantar matinal. Teve vontade de contar quantas vezes ele cantou, mas dormiu.

Passou por uma leve madorna, despertando subitamente com uma pontada de dor. Parecia que lhe enfiavam uma faca pontuda em suas costas. Acordou ofegante e sobressaltada, começou a gemer de dor, ainda sem tomar pé daquela situação.

— O que é isso? Que dor é essa?

Era uma dor tão forte e aguda, que Julia teve a sensação que ia morrer naquele momento. Seu corpo parecia desfalecer. E com o rosto desfigurado de dor, prestou mais atenção sentindo as dores percorrerem todo o seu corpo, pela barriga, quadril e novamente nas costas, parando um pouco. O medo e a dor se fundiam. Analisa em voz alta:

— Meu Deus, estas dores eu conheço de cor, são as dores do parto. Meu bebê já quer nascer. Pelo amor de Deus, meu filho, espere seu pai chegar, ou o dia clarear. Sabia que não era hora, tinha ainda muito tempo pela frente.

Por um momento o desespero pareceu tomar conta de Julia, um soluço ecoava no quarto. Nuvens negras cobriram o luar tão lindo e Julia chorava na curta escuridão da noite. Um choro silencioso e surdo. Julia tomou pé da situação, levantando-se da cama.

— Preciso ser forte. Tenho que aguentar o tranco. Que Deus me ajude.

A escuridão continuou por alguns minutos. E as dores voltaram. Ainda não eram tão agudas, ela aguentou firme. Tinha que se acalmar e pensar, pensar nas crianças, no marido.

— E agora? O que fazer?

Se morresse naquela noite, o que seria daquelas crianças? Não, ela não morreria. Deus não deixaria. Ela era forte. Tentou organizar os pensamentos, mas estes, como ela, estavam embaralhados. Respirou fundo no intervalo da dor.

A luz da lua havia se tornado mais intensa entrando com mais brilho dentro do quarto, iluminando tudo. Os dois menininhos bem juntinhos cobertos e bem agasalhados.

A menina com seis anos de idade nem imaginava o martírio que iriam passar daquela hora em diante. Teve muito medo, medo pelas crianças, por ela e pelo bebê. Resistiu e tentou andar, as mãos adormeciam e as pernas estavam bambas. Lembrou que não teve tempo e nem apetite para comer. Sentia-se fraca.

Depois de alguns intervalos a dor voltava, como se a sua barriga estivesse sendo aberta. Apertava com força na intenção de aliviar o incômodo da dor.

Julia se levantou cambaleante. Chamou a menina que estava agora ferrada num sono profundo.

— Filha, acorde, vou ter o bebê, temos que ir para a casa da Fia. Vamos, levante. Era a vizinha mais próxima, um quilômetro de distância e teriam que atravessar um córrego.

— O quê?

— Mas primeiro temos que recolher o milho. Vamos trazer tudo para a sala, para os animais não comerem.

Julia pegou um balde grande de madeira e começaram o trabalho. Abriu a porta da frente, a lua iluminando tudo no terreiro, contemplou horrorizada a montanha de milho, uns ainda na palha, outros embalados em sacos de linhagem. Teria que carregar tudo. Colocou um pouco e, com ajuda da menina, arrastou para dentro. Quando a dor aumentava, Julia parava exausta, molhada de suor. Sentia vontade de gritar bem alto, mas gemia baixinho, tremendo.

Sua filha não entendia, apenas ajudava a mãe com o firme pensamento de que se terminassem logo a dor e o sofrimento da mãe iam embora.

Julia desejava que o marido estivesse ali. Como levaria as crianças para a casa da vizinha? E a travessia do córrego? Carregar o menor. E eles estavam dormindo.

Julia não perdia as esperanças. E conseguiram carregar quase a metade do milho recolhida.

A lua ia a meio prumo no céu. Não se ouvia barulho nenhum lá fora, parecia que os animais estavam observando e sentindo o sofrimento daquela pobre mulher, torcendo para que sua hora chegasse e que ficasse livre da dor.

O frio era seco e cortante, mas ela agora suava as bicas. As dores voltaram amiúdas. Chamou a menina para a cama. Fechou a porta e com passos lentos e o corpo encurvado foi para o quarto.

— Não aguento mais. Vamos deitar. Você, fique bem quietinha aqui deste lado.

E a menina nada dizia. Não tinha mesmo nada para dizer. Nos seus poucos anos de vida possuía pouco vocabulário. Mas uma coisa ela já sabia, que os animais morriam, que a gente morria e ficou com muito medo de que sua mãe estivesse morrendo também.

Deitaram-se na cama de bambu, forrada com um fino colchão de paina. Na cabeceira três varões para sustentar. Os meninos, numa caminha, ao lado, dormiam como anjos ignorando o pesadelo que a sua mãe vivia. Julia se sentou na cama segurando os paus da cabeceira.

No vão das dores, conseguia olhar a luz da lua que entrava no quarto. Nada se movia ali, a não ser a respiração dos dois filhos, encolhidos debaixo do cobertor. Gemendo de dor, molhada de suor, ela puxava o fôlego bem devagar como se quisesse guardar todo o ar nos pulmões e depois soltava bem devagar. Era o quarto filho, ela sabia muitas coisas de como ter um bebê.

Sempre as mesmas dores, mais agudas, mais cortantes, às vezes um frio congelante, outras um calafrio convulso, as mãos sem cor agarradas à cabeceira da cama.

Os cabelos em desalinhos, molhados, colados no rosto suado e sem brilho, os dentes batiam de frio e pela dor. Julia estava nua. A menina se cobriu toda, quem sabe temendo ver a morte da mãe. E as dores sem espaços foram apertando, apertando.

Julia viu a sua hora chegar e uma força sobrenatural tomou conta dela, conseguiu prender o ar nos pulmões, para soltá-lo pouco depois, com um chorinho de criança; estava muito fraca.

Aliviada da dor, fez um esforço para olhar a criança entre as suas pernas, mas uma fraqueza tomou sua alma e corpo e um desmaio de alívio, um descansar de espírito, um respirar mais lento. Se sentindo flutuar, uma calma e um estranho prazer a invadiram, levando a sua consciência para bem longe dali, e um grande silêncio pairou no quarto.

Não soube quanto tempo ficou desacordada, flutuando. Quando foi sacudida por um bracinho magro e um sussurro de criança:

— Mãe, mãe, acorde, mãe — era a menina, que aterrorizada, a chamava com insistência.

Abrindo os olhos, a mirou atônita, sentindo um embrulhinho quentinho do lado de sua coxa, um chorinho sentido, tentando dizer alguma coisa. Certamente dizendo que estava com fome e frio.

Julia com muito esforço tomou consciência de tudo, ordenou os pensamentos e meio sonolenta e tonta conseguiu se sentar na cama. Precisava cortar o cordão. E pensou bem rápido, olhando ao redor. Observou a menina em pé, esperando a mãe dar a ordem, pronta para ajudar.

— Filha, a faca, pegue a faca. Onde está a faca? Onde será que eu coloquei essa faca? Ou foi seu pai que guardou — ficou mais pensativa ainda.

Os raios do sol invadindo timidamente o quarto. Os animais barulhentos gritando pela comida matinal. Os pássaros com um alarido sem fim à procura do alimento para os filhotes.

— Acho que enfiei a faca em cima do portal da frente; vai lá pegar, filha.

A menina foi, viu a faca e tentou alcançar, mas, como estava no alto, pegou um banquinho de caixote e conseguiu puxar a faca velha e enferrujada.

— Mamãe, para que a faca?

A mãe não respondeu, cortou rapidamente o cordão, colocou a criança no peito e disse para a filha.

— É uma menina. Uma menininha, sua irmãzinha.

Julia cobriu o pequeno ser com o paletó do marido, porque não tinha nada em mãos, nem um lençol velho, nem trapo. Chorou, mas de alívio e prazer, de saber que Deus esteve ali para ajudá-la. Olhou para menina e disse:

— Sua irmãzinha, filha, olha como é linda, é branca feita a lua.

A menina se deitou ao lado do bebê e uma doce calmaria convidou aquelas almas para um descanso, um sono profundo. Dormiram muito. Mas o silêncio foi quebrado pelo chamado do menino do meio.

— Pega eu, mãe, pega eu.

E estava difícil para os menininhos, que, ao acordar, viram todos dormindo. Insistiam num choro, até que Julia chamou a menina.

— Filha, pega uma bacia lá na prateleira, uma faca e uma colher. Pega também a vasilha de açúcar. — E continuou: — Acho que têm abacates maduros lá no chão. Vai lá. Não tem perigo. Jogue quirera de milho para as galinhas.

A menina foi, demorou um pouco a pegar o que a mãe pedira. Recolheu os abacates maduros, pegou a vasilha de açúcar de rapadura e trouxe tudo para a mãe.

— Mãe, a cachorrinha está com fome. O que posso dar para ela comer?

— Ela vai esperar mais um pouco para encher o bucho.

Julia pegou uns três abacates bem grandes, cortou ao meio tirando a polpa. Colocou na bacia com o açúcar. E pediu:

— Vá pegar um pouco de farinha para engrossar e render mais.

A mãe misturou tudo bem amassadinho e colocou para os três comerem até se fartarem. O que sobrou ela comeu, porque estava morta de fome, mas primeiro encheu a barriga da gurizada. Estes foram brincar na parte da frente da casa. A menina ficou com a mãe, para ajudá-la em qualquer pedido. Julia dormia, acordava. E continuava parada, deitada e ainda suja do parto.

Julia não sabia quanto tempo estavam ali no quarto, nua, e com um bebê agarrado em seus peitos. Sentiu muita fome. As crianças comeram os últimos abacates que a menina havia recolhido. Olhou pelas frestas da parede, tinha um sol que iluminava tudo, com um calor intenso. Ela estava preocupada, tentou se levantar, mas uma fraqueza fez com que sua cabeça rodasse como um pião. Teve medo de cair e se deitou novamente. Demorou mais um pouco para que uma alma viva ali aparecesse.

As crianças correram para frente da casa ao ouvir um tropel de cavalo. Um amigo da família, que passava por acaso, apeou chamando por Nelson, talvez para uma conversa ou para tomar uma caneca de água.

— Oh de casa. Oh de casa — ele insistia.

Mas os gurizinhos não sabiam responder ou explicar para o visitante o que tinha acontecido naquela noite e disse o menino mais velho para o homem:

— O papai não está em casa, ele foi para cidade.

— E a senhora sua mãe, ela já descansou do bebê? Como ela está?

A menina, escutando a conversa e o chamado, saiu do quarto e respondeu para o homem de olhar espantado:

— A nossa mãe já teve o bebê. O senhor trouxe o nosso pai? Estamos com fome. Estamos só nós aqui.

O senhor segurou e puxou mais forte as rédeas de seu cavalo, chegando mais perto da porta da casa, para ouvir melhor o que a menina dizia.

— Menina, diga a sua mãe que vou chamar a Dona Neném e a sua filha para tomar os cuidados e fazer comida para todos vocês. Estou indo para a cidade, tenho negócios lá, mas passarei pela casa deles e os avisarei que o seu Nelson não está aqui e que vocês estão sozinhos e com fome.

Sem mais conversa, seu Joaquim esporou o cavalo e partiu como um raio, sumindo pela estrada de barro branco.

O sol estava bem baixo, quando chegaram de charrete, as duas mulheres, com o marido da Fia, o seu Antônio.

Elas entraram no quarto e observaram uma cena bem triste. Dona Neném, disse a Julia:

— Oh, mulher, como isso aconteceu? Está bem? Como conseguiu ter a bebê sozinha? Só Deus mesmo. O que sua madrinha vai dizer?

— Julia, que coragem. Meu Deus. Eu morreria — disse a amiga Fia.

— Deus me ajudou, Dona Neném. Fui forte também. Agora estou fraca, pois tenho fome, a menina mama muito e não comi nada hoje, apenas uns abacates com as crianças.

Rapidamente, as mulheres tomaram providência de tudo.

O seu Antônio foi para o quintal procurar um frango, enquanto a filha, que também estava de barriga, acendeu o fogão a lenha, colocando água para esquentar. Dona Neném retirou toda a roupa de cama e levou para o quintal, tomando cuidado de enterrar os restos do parto.

Eles cuidaram de Julia, que estava tão fraca que não deu conta de levantar da cama. Tudo foi feito com muito cuidado, virando-a de um lado para o outro. O bebê recebeu o seu primeiro banho e limpeza no umbigo, que foi cortado com uma faca enferrujada. A filha fez uma comida rápida, porque eram quase quatro horas da tarde e as crianças já choravam de fome.

Depois de tudo pronto, barrigas cheias, era a hora deles voltarem, pois a noite vinha chegando. Julia só sabia agradecer àquela família de vizinhos. Não sabia o que seria se eles não chegassem ali para ajudar. Certamente morreria de fome.

— Deus há de pagar vocês, meus amigos, dona Neném, Fia e seu Antônio. Estamos em dívidas com vocês.

— Que nada — disseram eles.

Arrumaram a charrete, colocando de volta o cavalo, que estava amarrado de baixo do pé de abacate, pastando.

— É bom a gente ajudar. Fiquem com Deus. Seus filhos estão limpos com a barriga cheia e você também, amanhã voltaremos.

Já era noite quando partiram.

A tranquilidade presente ali era mais que um sonho para Julia. Recuperada das forças, levantou-se devagar e caminhou, olhou as crianças que brincavam ali no quarto, sentadas no chão, a menina tentava mexer no bebê, que dormia tranquilamente.

— Mãe, ela é menina. Uma menina bonita.

Julia sorria olhando seu bebê e as outras crianças, agradecendo a Deus por tudo. Colocou todos para dormir e ficou acordada na esperança de ver seu marido voltar ainda naquela noite.

— Nelson está demorando... — falava. — O que será que aconteceu?

Deitou e pensou ouvir um galope de cavalo. Prendeu a respiração e escutou. Sentiu medo. Às vezes acontecia de malfeitores invadirem e roubarem casas à noite. Deixou a lamparina bem próxima. Ela pôde acender porque os vizinhos trouxeram querosene.

O barulho do tropel foi se aproximando da casa e ela ouviu quando Nelson fez um barulho com a boca para o cavalo parar.

O marido foi chegando devagar, cansado e faminto. Olhou ao redor, observando que a casa estava fechada e silenciosa. Pela fresta da parede de pau a pique, pôde ver uma pequena luz. Era a lamparina. Ele empurrou a porta cerrada e entrou.

Nelson contemplou a cena. No quarto, sua mulher sentada na cama com um bebê no colo e as outras crianças dormindo. Ela olhou, sorriu e disse:

— É uma menina.

Seu coração apertou. Cumprimentou a mulher, olhou a criança. Julia então contou a história. O marido escutou sem interromper. Depois falou:

— Não deu para chegar a tempo. O documento do terreno não estava pronto, tive que esperar e saí da cidade bem tarde, hoje.

— Sabia que você ia chegar. Tive muito medo, passamos fome. A família de seu Julinho foi quem nos salvou. Veio dona Neném, a filha e o marido. Mas olha, uma menina, tão linda.

— Apressei os passos do cavalo, mas nem assim. Estou sem jeito. Como isso pode acontecer?

— Agora está tudo bem, Nelson.

Nelson abaixou a cabeça e Julia pode ver uma lágrima cair. Ficou pensativo e admirado. Admirado por Deus ter lhe presenteado com uma mulher como Julia. Parecia fraquinha, mas era tão forte. Uma mulher que não se abalava com as coisas ruins. Ela não ficava presa aos maus momentos. Um novo dia, um sol brilhante, a gritaria de seus filhos já era uma riqueza.

— Você foi muito forte.

— Deus me ajudou.

— Não podemos continuar nessa vida. Vocês vão para cidade. Vou fazer uma casa no terreno, vai ser de palha mesmo. Vamos ficar mais um tempinho, ano que vem vamos embora. Depois que resumir tudo a gente vai para cidade.

E Julia respondia, como sempre concordava em tudo com o marido:

— Se não tiver outro jeito, nós vamos sim.

A vida transcorria normalmente. Nelson ajudou Julia na sua dieta. A família de seu Julinho veio várias vezes para ajudar. A filha deles também ganhou um bebê, um menino, o primeiro filho do casal.

— Queria visitar a Fia. Ajudar ela também. Mas com esse tanto de filhos, não dá para ir lá — Julia falava.

Chegou certo dia o pessoal da saúde para vacinar as crianças. Um choro, um berreiro.

— Não quero. Não quero ser picado — dizia o menino mais velho, esgoelava.

As crianças tinham medo das agulhas, diziam que doíam muito.

Ficavam com medo, mas não arredavam o pé quando o pessoal começava a preparar as injeções.

As seringas de injeção eram de vidro. Um estojo de metal, usado para encher de álcool, um suporte para o estojo que servia para segurá-lo, tipo um fogareiro. Enchia-se o estojo de água, colocava-se dentro a seringa com o êmbolo e as agulhas, botava-se fogo no álcool, fervia-se por uns três minutos e pronto. As crianças observavam tudo, chorando, agarrados à mãe.

E a hora da vacina chegava. O terror da gurizada. Uma agulhada nas nádegas de cada um. Um choro sentido. E Julia chorava junto. Deixavam os vermífugos e as vitaminas.

— Prontinho. Dona Julia, a senhora usa direitinho estes remedinhos. Está tudo explicado aqui. Daqui uns meses, voltaremos.

Nelson chegou da roça e Julia contou sobre o pessoal da saúde.

— Foi um choro que Deus me livre, parecia que iam morrer.

Dali a pouco tudo se acalmou. Depois da janta, com o dia ainda claro, foram se sentar na porta da frente da casa. Julia e Nelson num banco de tora e as crianças num couro de vaca. Eles prestavam atenção ao que seus filhos diziam.

— Quando eu crescer, vou trabalhar e comprar uma lata de goiabada para você, Nilton. E você, Rubens, que doce vai querer? — perguntava a menina aos seus irmãos.

Um respondeu:

— Eu não quero de goiaba, quero de leite.

E o outro:

— Eu quero de marmelada.

— Então deixa eu brincar com estes ossinhos.

Eles não tinham nenhum brinquedo. Brincavam com um osso velho, que faziam de boi, um pau com cara de gente que Nelson achou nas roças de coivara.

A cachorrinha amarela era a rainha da casa, das brincadeiras. A menina tinha uma boneca de sabugo de milho e também uma bola de mangaba com que eles faziam a festa na frente da casa, quando não chutavam bem para longe e vinham correndo chorar para a mãe.

— Mãe, o Nilton chutou minha bolinha, eu quero minha bolinha.

## CAPÍTULO 12
## Adeus, Barreirinho

Nelson foi à cidade umas três vezes depois que a menina nasceu. Colocou o nome dela de Aldair. Tinham o costume de pegar o nome de um parente e copiar o nome. Seus filhos eram quatro. Alenir, Nilton, Rubens e Aldair. A vida era difícil ali naquele mato.

A cadelinha Sirigaita era a alegria da família. Às vezes não tinha comida, se faltava para todos, como não faltar para ela. Então Julia cozinhava abóbora, misturava com um pouco de sal e gordura de porco e a cadelinha enchia a barriga, para depois correr alegremente atrás de algum bichinho. E Nelson dizia:

— Barriga cheia, alegria das tripas.

Ou:

— As tripas grandes engolem as pequenas. Ninguém fica infeliz ou com raiva, de barriga cheia.

Julia gostava muito das coisas que Nelson falava. Ele também não parava com sua cantoria.

— *O nome de mulher no peito guardo ainda, o nome de mulher jamais esquecerei, nem tudo...*

— Que mulher é essa que você diz que não vai esquecer?

— É a música, Julia. Deixa de ciúme besta.

— Mas você sempre está cantando isso. Pode parar.

— Você também canta umas músicas que só fala de outro que partiu, sei lá.

E os dois, sentados com as crianças nos banquinhos de caixote, seguiam na discussão. Eles eram um pouco ciumentos. Só a cadelinha Sirigaita que não se importava com nada. Só comer e dormir. De manhã sempre sumiu toda alegre pelo mato.

Um dia de manhã bem cedinho, ao colocar comida paras a galinhas, Nelson deu por falta da cadelinha, que não latiu e não veio se alegrar, batendo o rabinho para ele, como era de costume.

Julia chamou, chamou. Na frente da casa, nos fundos e nada.

— Onde se meteu esta danadinha? — ela perguntou.

— Agora me deixou preocupado.

As crianças, num alarido sem fim, chamavam pela cachorrinha.

— Sirigaita, Sirigaita.

Todos procuravam pela pobrezinha. Correndo de um lado para outro, Julia com a menina menor escanchada na cintura.

— Sirigaita, Sirigaita. Tiu, Tiu, Tiu — eles entoavam em um só coro.

Nelson desceu pelo lado do riachinho, desaparecendo na matinha rala, chamando pela cadela. Nada de resposta.

Julia e as crianças rodeavam a casa. Chamavam e paravam para ouvir sua resposta. Nada.

— Esperem um pouco. Ela deva estar caçando.

Sentaram nas toras de paus que havia no quintal para esperar por Nelson. Esperaram um pouco, não por muito tempo. Quando ouviram o barulho das pisadas de Nelson, do outro lado da casa.

Correram para os lados do córrego, dando de cara com Nelson trazendo a cadelinha nos braços. Seu semblante muito triste, dando a perceber que o pior estava por vir.

— O que aconteceu? — Julia acudiu correndo.

— Acho que foi uma cobra. Ela foi picada por uma cobra. Traga um pouco d'água.

Julia deixou a menininha sentada no chão e pegou a cuia feita de cabaça e trouxe. Nelson pelejou, mas a pobre já estava morta. Descobriram, acima de sua patinha dianteira, os buracos da picada de cobra.

Foi uma tristeza muito grande, as crianças soluçaram. Julia e Nelson, calados. enterraram a cadelinha deixando as crianças chorarem mais um pouco para depois tentar acalentá-los.

— A Sirigaita era uma boa companheira, arteira, caçadora. Talvez de tanto correr por aí, se sucedeu de uma jararaca a ofender. Vamos agora se acalmar. Sabemos que isso podia acontecer. Tem muitas cobras por aqui e ela não parava quieta — Nelson continuava.

— Mais para frente podemos arrumar outro cachorro.

— Eu não quero outro cachorro. Quero a Sirigaita — dizia o Nilton.

Depois de um tempo, as crianças, com olhos vermelhos e inchados, aquietaram-se num banquinho de caixote da cozinha. Julia fez um beiju e deu como tira torto para eles. E, naquela manhã, não tinham mais nada para comer. Era esperar o meio-dia para comerem arroz com feijão e farinha de mandioca. Nelson percebendo que as crianças estavam mais quietas, foi para a roça.

Foi um dia muito triste, e eles queriam esquecer tudo. Não da cadelinha, que ficaram muitos dias lembrando dela, mas da tristeza que sentiam pela sua falta. As crianças com o passar tempo foram se esquecendo da cadelinha e outras brincadeiras apareceram, principalmente a de se pendurarem em galhos da goiabeira, nos cipós no riacho, a correr atrás dos pintinhos.

Julia aprendeu a tirar alegria dos cantos que sabia para alegrar um pouco a vida e às vezes cantava o dia inteiro a mesma música.

*... eu nasci naquela serra onde num ranchinho beira chão, todo cheio de buraco onde a lua faz clarão, quando chega a madrugada lá na mata a passarada principia o barulhão.*

— Mãe, cante mais para nós — a filha mais velha pedia.

— O que vocês querem?

— Qualquer uma.

— Vamos combinar o seguinte, eu canto depois que todos estiverem com os pés limpinhos.

— Tá bom. Tá bom — respondiam em coro.

E em todas as tardes, quase à noitinha, Julia mornava uma água e lavava os pés da cambada, com o cuidado de tirar os "grudes dos pés". E com a pequena pendurada no peito, começava a cantoria. Nelson batucava numa lata de querosene vazia tirando um som baixo e desentoado.

*Adeus, Sarita*
*Vou partir para a fronteira*
*Vou levar minha boiada*
*Pra vender lá na feira*
*Com o dinheiro dessa venda*
*Eu vou comprar*
*Mais uma linda fazenda*
*Pra contigo me casar*

*No dia do casamento*
*Vai ter baile a noite inteira*
*A sanfona vai tocar*
*Essa rancheira*
*Os amigos reunidos*
*Cantarão para nós dois*
*E nossa felicidade*
*Virá depois.*

Julia aprendeu muitas coisas na roça. Plantar, capinar. Bater o arroz, o feijão, debulhar e ensacar o milho. De tudo ela sabia um pouco, fazer o sabão, o óleo de mamona.

O que ela gostava mais era de preparar a cabaça. Um fruto às vezes arredondado, outras, comprido e com uma pequena cabeça. Ela preferia os de cabeça, dava para fazer muitas coisas. O fruto da cabaça é colhido mais cedo ou mais tarde segundo o tamanho da vasilha que se queira fazer. Ela utilizava para guardar mel, melado, óleo e azeite. Usado também como vaso, cuias, picuás. Podia também ser utilizado para medir mantimentos.

Nelson trazia as cabaças que encontrava em alguma roça abandonada, trazia para Julia preparar. Ela cortava ao meio, ou a ponta da cabeça, retirava o miolo, deixava secar, e as sementes saíam facilmente. Colocava areia e pedras, sacudindo bastante. Era um processo um pouco demorado, porque a parte interior tinha de ficar bem limpinha e seca.

As cabaças depois de bem limpas e secas eram usadas como bacias pequenas, que chamavam também de cumbucas para servir leite e mingaus para as crianças. Na roça, a vasilha era utilizada para as mais variadas finalidades e estava presente na vida cotidiana do pessoal do campo. E, além de servir como recipiente para água e alimentos, eram também aproveitadas para o artesanato.

As crianças estavam sempre por perto, ouvindo e aprendendo, vendo sempre a mãe chorando ou sorrindo, socar no pilão punhados de arroz para tirar a casca ou milho para fazer fubá. Viam o pai chegar da roça, sujo, magro e suado. Sete anos eles viveram ali, com o sol a esturricar a terra, a chuva lavando as plantas e enchendo o pequeno riacho. As plantas nascerem e morrerem e animais reproduzindo. A fartura e a fome.

Eram quatro filhos. A caçula estava com quase um ano e começava a dar os primeiros passinhos. Nelson tinha terminado a casinha na cidade e Julia concordara em ir.

— Vamos mais para o mês de novembro — Nelson falou.

— Sim. Logo que aparecer uma pequena estiagem. Olha como está chovendo.

— Verdade, Julia, nós vamos antes das grossas chuvas do final de ano. Nós vamos mudar para cidade para que os nossos filhos tenham cultura e lá tem boas escolas — Nelson sempre dizendo. — Tem que ser civilizados. Eu não tive escola. O que sei, foi pedindo os vizinhos para ensinar.

Nelson aproveitava para contar sua história, de como veio para Mato Grosso. Ele contava muitas vezes, mas as crianças não conseguiam gravar tudo e Julia, como uma esposa atenciosa e com muita paciência, ouvia tudo novamente. E ainda o incentiva.

— Conta, Nelson. É bom ouvir a história de sua vida. A minha você sabe de cor.

— Eu nasci no estado do Pará.

— Na capital, Belém, não é Nelson? — Julia perguntava já sabendo a resposta.

— Sim. Depois mudamos para a cidade de Conceição do Araguaia, onde aprendi a ler e escrever com uma vizinha, uma mulher bondosa nos seus cinquenta anos.

E Julia continuava interrompendo para perguntar:

— Ela era professora?

— Acho que não. Ninguém sabia onde ela aprendera a ler e a contar tão bem. Sua casa era cheia de crianças que não iam à escola e queriam aprender. Sabia para ela e ensinava a criançada da vizinhança.

Nelson parou a conversa. As crianças cochilavam e Julia tentava colocar a bebê para dormir, sacudindo a pequena menina, fazendo barulho com a boca, e esta logo estava no mais profundo sono. E Julia levou os quatro para cama.

Ele continuava sua conversa agora em pensamentos, em como recebeu a triste notícia de que teriam que mudar daquele lugar que gostava muito. Mas Julia pediu para ele falar. E ele continuava com o olhar longe. Só pensava.

Seu irmão ficou muito feliz com a notícia de que iriam embora, pois era o que ele mais desejava na vida. Ir embora daquele lugar. Santa Rita do Araguaia era cidade pequena para ele que sonhava em ser um grande garimpeiro, se aventurar pelo Brasil afora. Procurar diamantes em outros estados.

Já o caçula, apelidado de Nenê, não se importava se iam ou não mudar dali. Ele gostava mesmo era de brincar, correr atrás das galinhas, brincar com seu cachorrinho Trovão. Era um vira-lata de primeira categoria, pequeno, marronzinho, mas muito esperto. Ganhou o nome de trovão, porque apareceu num dia de muitas chuvas. Dona Maria o colocou para dentro de casa.

Ficaram com o Trovão, foi uma festa para Nelsinho e Gonçalo. Eles não tinham brinquedos, trabalhavam ajudando no garimpo levando almoço pro pai, limpando o quintal e pescando a mistura do almoço. O pai permitiu, mas que não atrapalhasse os afazeres, brincando com aquele danadinho, traquino.

Dona Maria, mãe dos três meninos, tinha muita paciência. De descendência africana, conhecera seu Severiano levando comida no garimpo para seu pai. Foi acertado o casamento, naquele tempo moça tinha de casar cedo. Ter sua família. E foi assim que Maria casou-se e logo foi parindo os três mulatos.

Nelson ficou sabendo que seu pai bamburrara, pegou um diamante dos grandes e vendeu em Belém. Comprou um batelão. Um barco a remo muito pesado.

Nelson não queria mudar dali. Gostava muito do lugar, dos amigos, dos velhos conhecidos. Nelson ia bem nos estudos. Sua caligrafia era cursiva e bem desenhada. Ninguém o passava nas contas de metros, centímetros, valores em dinheiro, prova dos noves fora e tudo relacionado a números.

O que Nelson mais gostava era de inventar problemas de Matemática para o Gonçalo resolver: *se um metro de fazenda de chita custa tanto, quantos metros você compra com tanto?* Ninguém lhe passava a perna, na hora das contas de qualquer natureza ele sempre se saía bem. Ele nunca foi à escola, pois seu pai não parava em lugar nenhum.

Nelson gostava de contar histórias. Histórias de cobras, vividas ou inventadas. Histórias de nego-veio que morava dentro de uma mata, de assombração, luz que aparecia do nada e desaparecia, de onça, jacarés. Ninguém sabia se as histórias eram verdadeiras ou não, às vezes nem ele mesmo sabia.

Nelson lembrou da mãe que, com os olhos cheios de água, arrumou as coisas que podiam ser levadas. Poucas coisas, tralha de garimpo, algumas panelas, talheres e pratos e as pecinhas de roupas de cada um. Ele era o mais triste. Nem o cachorrinho Trovão eles puderam levar, recomendou ao amigo Nenzinho. E Nelson continuou mergulhado em seus pensamentos, nas suas recordações.

Partiram numa manhã bem cedinho. Muita gente no batelão de seu pai. Muitos garimpeiros e roceiros.

A viagem foi muito longa. A comida que arrumaram logo acabou nos primeiros dias. Todos estavam com fome. As crianças com fome, só tinha muita água para beber, às vezes paravam e com sorte pescavam alguns peixes que dona Maria cozinhava com água e sal.

Num belo dia, exaustos de fome, deram numa paiada, roça abandonada, onde havia uns pés de mamão e canapuns. Amarraram o barco e todos saíram correndo pegando os mamões que ainda não haviam madurado de todo. Estavam um pouco verdes, mas comeram assim mesmo, queimando a boca com o leite do mamão verde.

E Nelson recordava. E quando Julia voltou, ele continuou sua triste história:

— Dali seguimos viagem com muito sofrimento e perigos. Até que chegamos numa vila, Santa Rita do Araguaia, onde meu pai construiu um rancho e começou a garimpar. Mas a sorte traiçoeira lhe tinha abandonado, nada de diamante, somente fome. Estava no garimpo quando uma grande arraia lhe ferrou o calcanhar, quase morreu na hora de dor. Porque quem já foi ferroado por arraia, sabe que dói vinte e quatro horas sem parar. O cabra, por mais forte que diz ser, urina nas pernas.

O pai de Nelson não melhorou, por mais que colocassem remédios, por mais que tomasse chá, seu João ia piorando cada dia mais. O veneno permanecia em seu corpo. Ele tinha vômitos, diarreia, sudorese, espasmos generalizados e dificuldade respiratória. Os filhos e a esposa, muito tristes perdiam o rumo da vida. O que fariam sem o pai? Quem conduziria as suas vidinhas? E numa tarde, ele faleceu.

Os três meninos, ainda crianças, saíram da região à procura de melhoria de vida, atrás do tão sonhado diamante. Ao chegarem em Goiás, pelo rio Araguaia, trabalharam uns tempos. Ficaram com homens que entendiam de garimpo, na região de Alto Araguaia.

Mais tarde, com a notícia dos diamantes em Lajeado, Nelson partiu, deixando seus irmãos seguir suas vidas, para nunca mais voltar a se encontrar e ver a mãe que ficara para trás.

E Nelson voltou à realidade com Julia o chamando:

— Nelson, acorde, homem. Você está cochilando aí neste banco, vai cair.

Ele respirou fundo, abrindo os olhos, voltando de um outro mundo.

— Julia, aqui estamos nós, no meio do nada. Sem o tão sonhado diamante. Sem dinheiro, sem terras. E quatro filhos para nós criar.

— Vamos dormir que amanhã é outro dia — Julia animava o marido.

E a vida transcorria calmamente. Chamaram na porta da casa. Julia atendeu o senhor que falava:

— Oh de casa, oh de casa.

A voz chamava com insistência. Era o rapaz que trabalhava na casa de seu Julinho.

— Bom dia, Mário. Parece apressado. O que aconteceu?

— A senhora não está sabendo. A Fia teve o segundo bebê, mas faleceu. Nasceu morto. Não teve jeito. Lá na casa deles, só tem tristeza. Estou avisando os moradores de perto.

— Como será que foi? Ela estava tão feliz. Outro filho é sempre uma benção.

— A senhora vai lá.

— Sim, vamos sim.

E todos foram ao velório do pequenino.

O velório foi muito triste. A criança num caixãozinho roxo em cima de uma mesa. Muitas velas e flores. Julia ficou com aquela imagem por muitos dias em sua cabeça. As crianças não prestaram muita atenção, como sempre ficaram brincando no quintal com outras crianças.

— Do que morreu o menino? — perguntavam.

— Falavam em mal-de-sétimo dia. Mal do umbigo mal curado.

— Verdade. Isso acontece muito mesmo — falavam as mulheres chorosas pelo acontecido.

Julia olhou e conversou um pouco com a amiga, mas esta não lhe deu nenhuma palavra, estava concentrada em sua dor, espremia o peito na terra, para secar o leite, era o costume delas.

Despediram de todos. Na hora de irem embora, observava-se uma tristeza pousada na alma das pessoas, dos parentes, dos visitantes, e Julia foi embora carregando um pouquinho dela também.

Em casa foram resumindo o que podiam para irem para a cidade. A esposa dedicada, Julia, viu-se numa roda viva, ajuntando toda a tralha que desejava levar em sacos e caixas de madeira. As roupas, cobertas, certos objetos de estima.

Muitas coisas teriam que deixar na barraca, como o fogão, a mesa, os banquinhos, a cantoneira, e também suas plantas. Com tudo pronto e ensacado, despediram-se de alguns amigos, velhos vizinhos que vieram ajudar na mudança.

De manhã, bem cedinho, só lhes restavam agora esperar o carro. Um velho e pequeno caminhão de carroceria de madeira.

As crianças olharam assustadas quando o transporte chegou. Foi um alvoroço. Nelson colocou os filhos no velho carro de madeira.

— Cuidado. Segurem firmes nos paus da carroceria.

Aquele seria o dia mais triste para Julia. Ela amava aquele lugar, e seus filhos acostumados naquela palhoça, cresceram brincando no terreiro, subindo na goiabeira carregada. Conviviam com a natureza, mel de abelha, frutas e verduras fresquinhas. Mas tinha que partir.

Nelson, Julia e a bebê, de um lado, Alenir, Rubens e Nilton do outro. Aos solavancos começaram a viagem. As crianças, apavoradas com medo de cair, agarraram-se ao que podiam. A carroceria velha sacolejava, dando sinal que partiria ao meio a qualquer momento... E foram em silêncio.

Julia escondeu as lágrimas. A saudade, a lembrança, aproximou-se do passado. Mas, o olhar para frente, a esperança, o saber, e as possibilidades para o futuro a fazia acreditar em algo melhor.

O caminhão percorria os quilômetros que os separa da cidade, tanta pressa em conhecer o lugar onde começariam uma nova vida e tanta saudade se apoderando deles.

O sol a pino de mais de meio-dia, o carro, sacolejando na estrada de pedregulhos e areia branca. A paisagem seca do cerrado revelava alguns animais, como pássaros, tatus.

— Vamos sentir muita saudade deste paraíso, Julia. Mas o certo é colocar as crianças para estudar. A Lena já está na idade, Nilton também, depois os dois crescem e já vão juntos para a escola.

Julia nada disse. Estava amuada com a peleja da mudança. E apenas pensava como vivera ali sua vida simples e boa, não desejava mais nada. Mas a mudança era a melhoria de vida para os filhos.

Fechando os olhos Julia visualiza o futuro. Seus filhos estudando, crescendo, indo ao cinema, aos jogos de futebol no campo, à igreja, fazendo amizade com crianças diferentes. Deu um suspiro e tentou abrandar os pensamentos na certeza que tudo daria certo.

Muitas horas de viagem por causa da estrada ruim. Chegaram quase mortos de cansados. Nilton branco de medo, a menina muito triste e os dois pequeninos nada reclamavam a não ser da fome que sentiam. Julia procurou esticar as pernas um tanto dormentes espreguiçando-se a meio prumo e esperou.

Nelson, meio tonto, zumbido nos ouvidos, desacostumado a andar de carro, moído quebrado, pernas bambas, corpo sentido, cansado.

Nelson acertou o combinado com o motorista. E agora uma nova vida os esperava. Entraram na pequena casa. Julia olhou tudo e seus olhos se encheram de lágrimas.

Uma casa pequena, feita de adobe de barro branco, esteios de angico e ripas de taquara, coberta de palha de coco babaçu. Naquela região em que mudaram havia poucas casas de material, somente de palha. As casas de tijolos e telhas ficavam no centro da cidade e pertenciam aos ricos do lugar.

Havia um quintal grande no fundo e na frente, e disso todos gostaram. Nelson comprou uma cama de casal, uma de solteiro e uma rede. Uma mesa, bancos, cantoneira, talha e fez um fogão a lenha na pequena cozinha.

— Não tem luz elétrica, mas trouxemos as lamparinas, as mesmas da roça. E a água vamos buscar na caixa d'água da cidade. Aqui, nesta redondeza não tem água encanada.

— Mãe, tem comida? Estamos com fome — as crianças começaram a pedir.

Rapidamente tudo estava nos lugares pelo tanto de coisas que trouxeram. Conseguiram acender o fogo com uns gravetos e um pouco de lenha que Nelson tinha deixado na casa.

Julia fez um arroz e fritou ovos com banha de porco que trouxeram nas cabaças. Nova vida começava. Ela fez a bebê dormir e a colocou na rede para terminar de arrumar as coisas. Nelson saiu antes de escurecer para acertar um trabalho no Vale Rico, de plantar e cuidar de uma terrinha.

Voltou logo e foram dormir mais cedo. Na manhã seguinte ele saiu para dar uma volta pela redondeza e comprar mais um pouco de mantimentos, porque logo, logo teria que deixar a família e voltar para roça. A criançada feliz com a aventura, e agora com a barriga cheia do tira torto, inicia o reconhecimento do local.

Na frente havia uma casa de material. Era uma casa grande com várias janelas de madeira pintadas de azul. Cercada com arame farpado e balaústre, a casa dava um ar de ser muito bem cuidado. Havia um quintal cheio de frutas, abacates, caju, manga, jabuticaba.

As três crianças logo correram para explorar, atravessaram a rua, mas antes de transpor o arame para conhecer o quintal do vizinho foram barrados por três crianças maiores do que eles. Foi difícil para eles, ficaram envergonhados e não disseram nada.

— Crianças, onde estão?

Julia saiu atrás dos filhos e os encontrou olhando para o quintal da vizinha. Naquele momento ela parou e começou a pensar em como seria a vida deles a partir daquela mudança. Conviver com outras crianças, a escola, o trabalho do marido, eles teriam que ficar sozinhos na cidade. Sentiu um aperto no coração. Como seria? No campo eles eram felizes, apesar de não ter quase nada. Agora outros caminhos se abririam e ela preocupava.

Um mês morando na cidade e Julia não se acostumou. Visitou as duas tias que moravam lá. A madrinha estava em Sorocaba, São Paulo. Ela morava com Elvira, que tinha uma linda filhinha, a Raquel. Seu irmão Nilton se casou e foi embora trabalhar no Banco do Brasil. Conheceu as vizinhas. Viu que eram pessoas muito boas e prestativas.

Julia achava tudo mais difícil. Pegar água na caixa de saneamento da cidade, armazenar em latas para usos diários. Levar os dois mais velhos na escola. Tinha medo de tudo. E Nelson falava, quando chegava da roça:

— Aqui na cidade é melhor. Tem farmácia, padaria, armazém, a máquina de descascar arroz, o posto de saúde e a escola para educação dos nossos filhos.

E Julia retrucava:

— No campo tem liberdade, boa alimentação, água pura do córrego limpinho, e o ar que se respira é muito precioso. Tem a natureza tão bela, muita paz que vai nos deixar saudades. Tem o canto dos pássaros.

— Eu tenho saudade até do cheiro de árvores, flores, frutos silvestres e outros — Nelson falava.

— A vida no campo é marcada por longas caminhadas, o trabalho com a terra, o trato com os animais. Se eu pudesse eu voltaria. Mas sei, Nelson, que nossos filhos precisam estudar, crescer e bater asas.

Julia e Nelson sabiam que a partir dali seus quatro filhos e mais os que lhes nascessem iriam estudar, crescer e cada um escreveria a sua própria história. Uma outra história, sendo cada um deles o protagonista dela. O tempo passou, os outros três filhos chegaram, Denise, Vivaldo e Vania. Estes não conheceram o campo, a roça. A vida na cidade não seria fácil para nenhum deles.

# BIBLIOGRAFIA

CARMO, Ailon do. **História de Guiratinga**. 1. ed. Rondonópolis: Gráfica e Editora Rondonópolis Ltda, 2009.

RAMOS, Graciliano. **Vidas secas**. São Paulo: Livraria José Olympio, 1938.

# ILUSTRAÇÕES

Autor: Luan Gabriel de Moura Duarte
Idade: 14 anos
Alguns desenhos são recriações.